PERZISCH
WOORDENSCHAT

THEMATISCHE WOORDENLIJST

NEDERLANDS PERZISCH

De meest bruikbare woorden
Om uw woordenschat uit te breiden en
uw taalvaardigheid aan te scherpen

5000 woorden

Thematische woordenschat Nederlands-Perzisch - 5000 woorden
Door Andrey Taranov

Woordenlijsten van T&P Books zijn bedoeld om u woorden van een vreemde taal te helpen leren, onthouden, en bestudering. Dit woordenboek is ingedeeld in thema's en behandelt alle belangrijk terreinen van het dagelijkse leven, bedrijven, wetenschap, cultuur, etc.

Het proces van het leren van woorden met behulp van de op thema's gebaseerde aanpak van T&P Books biedt u de volgende voordelen:

- Correct gegroepeerde informatie is bepalend voor succes bij opeenvolgende stadia van het leren van woorden
- De beschikbaarheid van woorden die van dezelfde stam zijn maakt het mogelijk om woordgroepen te onthouden (in plaats van losse woorden)
- Kleine groepen van woorden faciliteren het proces van het aanmaken van associatieve verbindingen, die nodig zijn bij het consolideren van de woordenschat
- Het niveau van talenkennis kan worden ingeschat door het aantal geleerde woorden

Copyright © 2017 T&P Books Publishing

Alle rechten voorbehouden. Niets uit deze uitgave mag worden verveelvoudigd, opgeslagen in een geautomatiseerd gegevensbestand en/of openbaar gemaakt in enige vorm of op enige wijze, hetzij elektronisch, mechanisch, door fotokopieën, opnamen of op enige andere manier zonder voorafgaande schriftelijke toestemming van de uitgever. U mag dit boek niet verspreiden in welk formaat dan ook.

T&P Books Publishing
www.tpbooks.com

ISBN: 978-1-78716-728-5

Dit boek is ook beschikbaar in e-boek formaat.
Gelieve www.tpbooks.com te bezoeken of de belangrijkste online boekwinkels.

PERZISCHE WOORDENSCHAT
nieuwe woorden leren

T&P Books woordenlijsten zijn bedoeld om u te helpen vreemde woorden te leren, te onthouden, en te bestuderen. De woordenschat bevat meer dan 5000 veel gebruikte woorden die thematisch geordend zijn.

- De woordenlijst bevat de meest gebruikte woorden
- Aanbevolen als aanvulling bij welke taalcursus dan ook
- Voldoet aan de behoeften van de beginnende en gevorderde student in vreemde talen
- Geschikt voor dagelijks gebruik, bestudering en zelftestactiviteiten
- Maakt het mogelijk om uw woordenschat te evalueren

Bijzondere kenmerken van de woordenschat

- De woorden zijn gerangschikt naar hun betekenis, niet volgens alfabet
- De woorden worden weergegeven in drie kolommen om bestudering en zelftesten te vergemakkelijken
- Woorden in groepen worden verdeeld in kleine blokken om het leerproces te vergemakkelijken
- De woordenschat biedt een handige en eenvoudige beschrijving van elk buitenlands woord

De woordenschat bevat 155 onderwerpen zoals:

Basisconcepten, getallen, kleuren, maanden, seizoenen, meeteenheden, kleding en accessoires, eten & voeding, restaurant, familieleden, verwanten, karakter, gevoelens, emoties, ziekten, stad, dorp, bezienswaardigheden, winkelen, geld, huis, thuis, kantoor, werken op kantoor, import & export, marketing, werk zoeken, sport, onderwijs, computer, internet, gereedschap, natuur, landen, nationaliteiten en meer ...

INHOUDSOPGAVE

Uitspraakgids 9
Afkortingen 10

BASISBEGRIPPEN 11
Basisbegrippen Deel 1 11

1. Voornaamwoorden 11
2. Begroetingen. Begroetingen. Afscheid 11
3. Hoe aan te spreken 12
4. Kardinale getallen. Deel 1 12
5. Kardinale getallen. Deel 2 13
6. Ordinale getallen 14
7. Getallen. Breuken 14
8. Getallen. Eenvoudige berekeningen 14
9. Getallen. Diversen 14
10. De belangrijkste werkwoorden. Deel 1 15
11. De belangrijkste werkwoorden. Deel 2 16
12. De belangrijkste werkwoorden. Deel 3 17
13. De belangrijkste werkwoorden. Deel 4 18
14. Kleuren 19
15. Vragen 19
16. Voorzetsels 20
17. Functiewoorden. Bijwoorden. Deel 1 20
18. Functiewoorden. Bijwoorden. Deel 2 22

Basisbegrippen Deel 2 24

19. Dagen van de week 24
20. Uren. Dag en nacht 24
21. Maanden. Seizoenen 25
22. Meeteenheden 27
23. Containers 28

MENS 29
Mens. Het lichaam 29

24. Hoofd 29
25. Menselijk lichaam 30

Kleding en accessoires 31

26. Bovenkleding. Jassen 31
27. Heren & dames kleding 31

28. Kleding. Ondergoed	32
29. Hoofddeksels	32
30. Schoeisel	32
31. Persoonlijke accessoires	33
32. Kleding. Diversen	33
33. Persoonlijke verzorging. Schoonheidsmiddelen	34
34. Horloges. Klokken	35

Voedsel. Voeding   36

35. Voedsel	36
36. Drankjes	37
37. Groenten	38
38. Vruchten. Noten	39
39. Brood. Snoep	40
40. Bereide gerechten	40
41. Kruiden	41
42. Maaltijden	42
43. Tafelschikking	43
44. Restaurant	43

Familie, verwanten en vrienden   44

45. Persoonlijke informatie. Formulieren	44
46. Familieleden. Verwanten	44

Geneeskunde   46

47. Ziekten	46
48. Symptomen. Behandelingen. Deel 1	47
49. Symptomen. Behandelingen. Deel 2	48
50. Symptomen. Behandelingen. Deel 3	49
51. Artsen	50
52. Geneeskunde. Medicijnen. Accessoires	50

HET MENSELIJKE LEEFGEBIED   52
Stad   52

53. Stad. Het leven in de stad	52
54. Stedelijke instellingen	53
55. Borden	54
56. Stedelijk vervoer	55
57. Bezienswaardigheden	56
58. Winkelen	57
59. Geld	58
60. Post. Postkantoor	59

Woning. Huis. Thuis   60

61. Huis. Elektriciteit	60

62.	Villa. Herenhuis	60
63.	Appartement	60
64.	Meubels. Interieur	61
65.	Beddengoed	62
66.	Keuken	62
67.	Badkamer	63
68.	Huishoudelijke apparaten	64

MENSELIJKE ACTIVITEITEN 65
Baan. Business. Deel 1 65

69.	Kantoor. Op kantoor werken	65
70.	Bedrijfsprocessen. Deel 1	66
71.	Bedrijfsprocessen. Deel 2	67
72.	Productie. Werken	68
73.	Contract. Overeenstemming	69
74.	Import & Export	70
75.	Financiën	70
76.	Marketing	71
77.	Reclame	72
78.	Bankieren	72
79.	Telefoon. Telefoongesprek	73
80.	Mobiele telefoon	74
81.	Schrijfbehoeften	74
82.	Soorten bedrijven	74

Baan. Business. Deel 2 77

83.	Show. Tentoonstelling	77
84.	Wetenschap. Onderzoek. Wetenschappers	78

Beroepen en ambachten 80

85.	Zoeken naar werk. Ontslag	80
86.	Zakenmensen	80
87.	Dienstverlenende beroepen	81
88.	Militaire beroepen en rangen	82
89.	Ambtenaren. Priesters	83
90.	Agrarische beroepen	83
91.	Kunst beroepen	84
92.	Verschillende beroepen	84
93.	Beroepen. Sociale status	86

Onderwijs 87

94.	School	87
95.	Hogeschool. Universiteit	88
96.	Wetenschappen. Disciplines	89
97.	Schrift. Spelling	89
98.	Vreemde talen	90

Rusten. Entertainment. Reizen	92
99. Trip. Reizen	92
100. Hotel	92

TECHNISCHE APPARATUUR. VERVOER	94
Technische apparatuur	94
101. Computer	94
102. Internet. E-mail	95
103. Elektriciteit	96
104. Gereedschappen	96

Vervoer	99
105. Vliegtuig	99
106. Trein	100
107. Schip	101
108. Vliegveld	102

Gebeurtenissen in het leven	104
109. Vakanties. Evenement	104
110. Begrafenissen. Begrafenis	105
111. Oorlog. Soldaten	105
112. Oorlog. Militaire acties. Deel 1	107
113. Oorlog. Militaire acties. Deel 2	108
114. Wapens	109
115. Oude mensen	111
116. Middeleeuwen	112
117. Leider. Baas. Autoriteiten	113
118. De wet overtreden. Criminelen. Deel 1	114
119. De wet overtreden. Criminelen. Deel 2	115
120. Politie. Wet. Deel 1	116
121. Politie. Wet. Deel 2	117

NATUUR	119
De Aarde. Deel 1	119
122. De kosmische ruimte	119
123. De Aarde	120
124. Windrichtingen	121
125. Zee. Oceaan	121
126. Namen van zeeën en oceanen	122
127. Bergen	123
128. Bergen namen	124
129. Rivieren	124
130. Namen van rivieren	125
131. Bos	125
132. Natuurlijke hulpbronnen	126

De Aarde. Deel 2 128

133. Weer 128
134. Zwaar weer. Natuurrampen 129

Fauna 130

135. Zoogdieren. Roofdieren 130
136. Wilde dieren 130
137. Huisdieren 131
138. Vogels 132
139. Vis. Zeedieren 134
140. Amfibieën. Reptielen 134
141. Insecten 135

Flora 136

142. Bomen 136
143. Heesters 136
144. Vruchten. Bessen 137
145. Bloemen. Planten 138
146. Granen, graankorrels 139

LANDEN. NATIONALITEITEN 140

147. West-Europa 140
148. Centraal- en Oost-Europa 140
149. Voormalige USSR landen 141
150. Azië 141
151. Noord-Amerika 142
152. Midden- en Zuid-Amerika 142
153. Afrika 143
154. Australië. Oceanië 143
155. Steden 143

UITSPRAAKGIDS

T&P fonetisch alfabet	Perzisch voorbeeld	Nederlands voorbeeld
['] (ayn)	دعوا [da'vā]	stemhebbende faryngale fricatief
['] (hamza)	تایید [ta'id]	glottisslag
[a]	رود [ravad]	acht
[ā]	آتش [ātaš]	aan, maart
[b]	بانک [bānk]	hebben
[č]	چند [čand]	Tsjechië, cello
[d]	هشتاد [haštād]	Dank u, honderd
[e]	عشق [ešq]	delen, spreken
[f]	فندک [fandak]	feestdag, informeren
[g]	لوگو [logo]	goal, tango
[h]	گیاه [giyāh]	het, herhalen
[i]	جزیره [jazire]	bidden, tint
[j]	جشن [jašn]	jeans, jungle
[k]	کاج [kāj]	kennen, kleur
[l]	لیمو [limu]	delen, luchter
[m]	ماجرا [mājarā]	morgen, etmaal
[n]	نروژ [norvež]	nemen, zonder
[o]	گلف [golf]	overeenkomst
[p]	اپرا [operā]	parallel, koper
[q]	لاغر [lāqar]	liegen, gaan
[r]	رقم [raqam]	roepen, breken
[s]	سوپ [sup]	spreken, kosten
[š]	دوش [duš]	shampoo, machine
[t]	ترجمه [tarjome]	tomaat, taart
[u]	نیرو [niru]	hoed, doe
[v]	ورشو [varšow]	beloven, schrijven
[w]	روشن [rowšan]	twee, willen
[x]	کاخ [kāx]	licht, school
[y]	بیابان [biyābān]	New York, januari
[z]	زنجیر [zanjir]	zeven, zesde
[ž]	ژوئن [žuan]	journalist, rouge

AFKORTINGEN
gebruikt in de woordenschat

Nederlandse afkortingen

abn	-	als bijvoeglijk naamwoord
bijv.	-	bijvoorbeeld
bn	-	bijvoeglijk naamwoord
bw	-	bijwoord
enk.	-	enkelvoud
enz.	-	enzovoort
form.	-	formele taal
inform.	-	informele taal
mann.	-	mannelijk
mil.	-	militair
mv.	-	meervoud
on.ww.	-	onovergankelijk werkwoord
ontelb.	-	ontelbaar
ov.	-	over
ov.ww.	-	overgankelijk werkwoord
telb.	-	telbaar
vn	-	voornaamwoord
vrouw.	-	vrouwelijk
vw	-	voegwoord
vz	-	voorzetsel
wisk.	-	wiskunde
ww	-	werkwoord

Nederlandse artikelen

de	-	gemeenschappelijk geslacht
de/het	-	gemeenschappelijk geslacht, onzijdig
het	-	onzijdig

BASISBEGRIPPEN

Basisbegrippen Deel 1

1. Voornaamwoorden

ik	man	من
jij, je	to	تو
hij, zij, het	u	او
wij, we	mā	ما
jullie	šomā	شما
zij, ze	ān-hā	آنها

2. Begroetingen. Begroetingen. Afscheid

Hallo!	salām	سلام
Goedemorgen!	sobh bexeyr	صبح بخیر
Goedemiddag!	ruz bexeyr!	روز بخیر!
Goedenavond!	asr bexeyr	عصربخیر
gedag zeggen (groeten)	salām kardan	سلام کردن
Hoi!	salām	سلام
groeten (het)	salām	سلام
verwelkomen (ww)	salām kardan	سلام کردن
Hoe gaat het met u?	haletān četowr ast?	حالتان چطور است؟
Hoe is het?	četorid?	چطورید؟
Is er nog nieuws?	če xabar?	چه خبر؟
Tot ziens! (form.)	xodāhāfez	خداحافظ
Doei!	bāy bāy	بای بای
Tot snel! Tot ziens!	be omid-e didār!	به امید دیدار!
Vaarwel!	xodāhāfez!	خداحافظ!
afscheid nemen (ww)	xodāhāfezi kardan	خداحافظی کردن
Tot kijk!	tā bezudi!	تا بزودی!
Dank u!	motešakker-am!	متشکرم!
Dank u wel!	besyār motešakker-am!	بسیار متشکرم!
Graag gedaan	xāheš mikonam	خواهش می کنم
Geen dank!	tašakkor lāzem nist	تشکر لازم نیست
Geen moeite.	qābel-i nadārad	قابلی ندارد
Excuseer me, ... (inform.)	bebaxšid!	ببخشید!
excuseren (verontschuldigen)	baxšidan	بخشیدن
zich verontschuldigen	ozr xāstan	عذر خواستن
Mijn excuses.	ozr mixāham	عذرمی خواهم

Het spijt me!	bebaxšid!	ببخشید!
vergeven (ww)	baxšidan	بخشیدن
Maakt niet uit!	mohem nist	مهم نیست
alsjeblieft	lotfan	لطفاً
Vergeet het niet!	farāmuš nakonid!	فراموش نکنید!
Natuurlijk!	albate!	البته!
Natuurlijk niet!	albate ke neh!	البته که نه!
Akkoord!	besyār xob!	بسیارخوب!
Zo is het genoeg!	bas ast!	بس است!

3. Hoe aan te spreken

Excuseer me, …	bebaxšid!	ببخشید!
meneer	āqā	آقا
mevrouw	xānom	خانم
juffrouw	xānom	خانم
jongeman	mard-e javān	مرد جوان
jongen	pesar bače	پسر بچه
meisje	doxtar bačče	دختربچه

4. Kardinale getallen. Deel 1

nul	sefr	صفر
een	yek	یک
twee	do	دو
drie	se	سه
vier	čāhār	چهار
vijf	panj	پنج
zes	šeš	شش
zeven	haft	هفت
acht	hašt	هشت
negen	neh	نه
tien	dah	ده
elf	yāzdah	یازده
twaalf	davāzdah	دوازده
dertien	sizdah	سیزده
veertien	čāhārdah	چهارده
vijftien	pānzdah	پانزده
zestien	šānzdah	شانزده
zeventien	hefdah	هفده
achttien	hijdah	هیجده
negentien	nuzdah	نوزده
twintig	bist	بیست
eenentwintig	bist-o yek	بیست ویک
tweeëntwintig	bist-o do	بیست ودو
drieëntwintig	bist-o se	بیست وسه
dertig	si	سی

eenendertig	si-yo yek	سی و یک
tweeëndertig	si-yo do	سی و دو
drieëndertig	si-yo se	سی و سه
veertig	čehel	چهل
eenenveertig	čehel-o yek	چهل و یک
tweeënveertig	čehel-o do	چهل و دو
drieënveertig	čehel-o se	چهل و سه
vijftig	panjāh	پنجاه
eenenvijftig	panjāh-o yek	پنجاه و یک
tweeënvijftig	panjāh-o do	پنجاه و دو
drieënvijftig	panjāh-o se	پنجاه و سه
zestig	šast	شصت
eenenzestig	šast-o yek	شصت و یک
tweeënzestig	šast-o do	شصت و دو
drieënzestig	šast-o se	شصت و سه
zeventig	haftād	هفتاد
eenenzeventig	haftād-o yek	هفتاد و یک
tweeënzeventig	haftād-o do	هفتاد و دو
drieënzeventig	haftād-o se	هفتاد و سه
tachtig	haštād	هشتاد
eenentachtig	haštād-o yek	هشتاد و یک
tweeëntachtig	haštād-o do	هشتاد و دو
drieëntachtig	haštād-o se	هشتاد و سه
negentig	navad	نود
eenennegentig	navad-o yek	نود و یک
tweeënnegentig	navad-o do	نود و دو
drieënnegentig	navad-o se	نود و سه

5. Kardinale getallen. Deel 2

honderd	sad	صد
tweehonderd	devist	دویست
driehonderd	sisad	سیصد
vierhonderd	čāhārsad	چهارصد
vijfhonderd	pānsad	پانصد
zeshonderd	šeššad	ششصد
zevenhonderd	haftsad	هفتصد
achthonderd	haštsad	هشتصد
negenhonderd	nohsad	نهصد
duizend	hezār	هزار
tweeduizend	dohezār	دوهزار
drieduizend	se hezār	سه هزار
tienduizend	dah hezār	ده هزار
honderdduizend	sad hezār	صد هزار
miljoen (het)	milyun	میلیون
miljard (het)	milyārd	میلیارد

6. Ordinale getallen

eerste (bn)	avvalin	اولین
tweede (bn)	dovvomin	دومین
derde (bn)	sevvomin	سومین
vierde (bn)	čāhāromin	چهارمین
vijfde (bn)	panjomin	پنجمین
zesde (bn)	šešomin	ششمین
zevende (bn)	haftomin	هفتمین
achtste (bn)	haštomin	هشتمین
negende (bn)	nohomin	نهمین
tiende (bn)	dahomin	دهمین

7. Getallen. Breuken

breukgetal (het)	kasr	کسر
half	yek dovvom	یک دوم
een derde	yek sevvom	یک سوم
kwart	yek čāhārom	یک چهارم
een achtste	yek panjom	یک هشتم
een tiende	yek dahom	یک دهم
twee derde	do sevvom	دو سوم
driekwart	se čāhārrom	سه چهارم

8. Getallen. Eenvoudige berekeningen

aftrekking (de)	tafriq	تفریق
aftrekken (ww)	tafriq kardan	تفریق کردن
deling (de)	taqsim	تقسیم
delen (ww)	taqsim kardan	تقسیم کردن
optelling (de)	jam'	جمع
erbij optellen (bij elkaar voegen)	jam' kardan	جمع کردن
optellen (ww)	ezāfe kardan	اضافه کردن
vermenigvuldiging (de)	zarb	ضرب
vermenigvuldigen (ww)	zarb kardan	ضرب کردن

9. Getallen. Diversen

cijfer (het)	raqam	رقم
nummer (het)	adad	عدد
telwoord (het)	adadi	عددی
minteken (het)	manfi	منفی
plusteken (het)	mosbat	مثبت
formule (de)	formul	فرمول
berekening (de)	mohāsebe	محاسبه

tellen (ww)	šemordan	شمردن
bijrekenen (ww)	mohāsebe kardan	محاسبه کردن
vergelijken (ww)	moqāyse kardan	مقایسه کردن

Hoeveel?	čeqadr?	چقدر؟
som (de), totaal (het)	jam'-e kol	جمع کل
uitkomst (de)	natije	نتیجه
rest (de)	bāqimānde	باقیمانده

enkele (bijv. ~ minuten)	čand	چند
weinig (bw)	kami	کمی
restant (het)	baqiye	بقیه
anderhalf	yek-o nim	یک و نیم
dozijn (het)	dojin	دوجین

middendoor (bw)	be do qesmat	به دو قسمت
even (bw)	be tāsavi	به تساوی
helft (de)	nim	نیم
keer (de)	daf'e	دفعه

10. De belangrijkste werkwoorden. Deel 1

aanbevelen (ww)	towsie kardan	توصیه کردن
aandringen (ww)	esrār kardan	اصرار کردن
aankomen (per auto, enz.)	residan	رسیدن
aanraken (ww)	lams kardan	لمس کردن
adviseren (ww)	nasihat kardan	نصیحت کردن

afdalen (on.ww.)	pāyin āmadan	پایین آمدن
afslaan (naar rechts ~)	pičidan	پیچیدن
antwoorden (ww)	javāb dādan	جواب دادن
bang zijn (ww)	tarsidan	ترسیدن
bedreigen (bijv. met een pistool)	tahdid kardan	تهدید کردن

bedriegen (ww)	farib dādan	فریب دادن
beëindigen (ww)	be pāyān resāndan	به پایان رساندن
beginnen (ww)	šoru' kardan	شروع کردن
begrijpen (ww)	fahmidan	فهمیدن
beheren (managen)	edāre kardan	اداره کردن

beledigen (met scheldwoorden)	towhin kardan	توهین کردن
beloven (ww)	qowl dādan	قول دادن
bereiden (koken)	poxtan	پختن
bespreken (spreken over)	bahs kardan	بحث کردن

bestellen (eten ~)	sefāreš dādan	سفارش دادن
bestraffen (een stout kind ~)	tanbih kardan	تنبیه کردن
betalen (ww)	pardāxtan	پرداختن
betekenen (beduiden)	ma'ni dāštan	معنی داشتن
betreuren (ww)	afsus xordan	افسوس خوردن
bevallen (prettig vinden)	dust dāštan	دوست داشتن
bevelen (mil.)	farmān dādan	فرمان دادن

bevrijden (stad, enz.)	āzād kardan	آزاد کردن
bewaren (ww)	hefz kardan	حفظ کردن
bezitten (ww)	sāheb budan	صاحب بودن

bidden (praten met God)	do'ā kardan	دعا کردن
binnengaan (een kamer ~)	vāred šodan	وارد شدن
breken (ww)	šekastan	شکستن
controleren (ww)	kontorol kardan	کنترل کردن
creëren (ww)	ijād kardan	ایجاد کردن

deelnemen (ww)	šerekat kardan	شرکت کردن
denken (ww)	fekr kardan	فکر کردن
doden (ww)	koštan	کشتن
doen (ww)	anjām dādan	انجام دادن
dorst hebben (ww)	tešne budan	تشنه بودن

11. De belangrijkste werkwoorden. Deel 2

een hint geven	sarnax dādan	سرنخ دادن
eisen (met klem vragen)	darxāst kardan	درخواست کردن
excuseren (vergeven)	baxšidan	بخشیدن
existeren (bestaan)	vojud dāštan	وجود داشتن
gaan (te voet)	raftan	رفتن

gaan zitten (ww)	nešastan	نشستن
gaan zwemmen	ābtani kardan	آبتنی کردن
geven (ww)	dādan	دادن
glimlachen (ww)	labxand zadan	لبخند زدن
goed raden (ww)	hads zadan	حدس زدن

| grappen maken (ww) | šuxi kardan | شوخی کردن |
| graven (ww) | kandan | کندن |

hebben (ww)	dāštan	داشتن
helpen (ww)	komak kardan	کمک کردن
herhalen (opnieuw zeggen)	tekrār kardan	تکرار کردن
honger hebben (ww)	gorosne budan	گرسنه بودن

hopen (ww)	omid dāštan	امید داشتن
horen (waarnemen met het oor)	šenidan	شنیدن
huilen (wenen)	gerye kardan	گریه کردن
huren (huis, kamer)	ejāre kardan	اجاره کردن
informeren (informatie geven)	āgah kardan	آگاه کردن

instemmen (akkoord gaan)	movāfeqat kardan	موافقت کردن
jagen (ww)	šekār kardan	شکار کردن
kennen (kennis hebben van iemand)	šenāxtan	شناختن
kiezen (ww)	entexāb kardan	انتخاب کردن
klagen (ww)	šekāyat kardan	شکایت کردن

| kosten (ww) | qeymat dāštan | قیمت داشتن |
| kunnen (ww) | tavānestan | توانستن |

lachen (ww)	xandidan	خندیدن
laten vallen (ww)	andāxtan	انداختن
lezen (ww)	xāndan	خواندن
liefhebben (ww)	dust dāštan	دوست داشتن
lunchen (ww)	nāhār xordan	ناهار خوردن
nemen (ww)	bardāštan	برداشتن
nodig zijn (ww)	hāmi budan	حامی بودن

12. De belangrijkste werkwoorden. Deel 3

onderschatten (ww)	dast-e kam gereftan	دست کم گرفتن
ondertekenen (ww)	emzā kardan	امضا کردن
ontbijten (ww)	sobhāne xordan	صبحانه خوردن
openen (ww)	bāz kardan	باز کردن
ophouden (ww)	bas kardan	بس کردن
opmerken (zien)	motevajjeh šodan	متوجه شدن
opscheppen (ww)	be rox kešidan	به رخ کشیدن
opschrijven (ww)	neveštan	نوشتن
plannen (ww)	barnāmerizi kardan	برنامه ریزی کردن
prefereren (verkiezen)	tarjih dādan	ترجیح دادن
proberen (trachten)	talāš kardan	تلاش کردن
redden (ww)	najāt dādan	نجات دادن
rekenen op ...	hesāb kardan	حساب کردن
rennen (ww)	davidan	دویدن
reserveren (een hotelkamer ~)	rezerv kardan	رزرو کردن
roepen (om hulp)	komak xāstan	کمک خواستن
schieten (ww)	tirandāzi kardan	تیراندازی کردن
schreeuwen (ww)	faryād zadan	فریاد زدن
schrijven (ww)	neveštan	نوشتن
souperen (ww)	šām xordan	شام خوردن
spelen (kinderen)	bāzi kardan	بازی کردن
spreken (ww)	harf zadan	حرف زدن
stelen (ww)	dozdidan	دزدیدن
stoppen (pauzeren)	motevaghef šodan	متوقف شدن
studeren (Nederlands ~)	dars xāndan	درس خواندن
sturen (zenden)	ferestādan	فرستادن
tellen (optellen)	šemordan	شمردن
toebehoren aan ...	ta'alloq dāštan	تعلق داشتن
toestaan (ww)	ejāze dādan	اجازه دادن
tonen (ww)	nešān dādan	نشان دادن
twijfelen (onzeker zijn)	šok dāštan	شک داشتن
uitgaan (ww)	birun raftan	بیرون رفتن
uitnodigen (ww)	da'vat kardan	دعوت کردن
uitspreken (ww)	talaffoz kardan	تلفظ کردن
uitvaren tegen (ww)	da'vā kardan	دعوا کردن

13. De belangrijkste werkwoorden. Deel 4

vallen (ww)	oftādan	افتادن
vangen (ww)	gereftan	گرفتن
veranderen (anders maken)	avaz kardan	عوض کردن
verbaasd zijn (ww)	mote'ajjeb šodan	متعجب شدن
verbergen (ww)	penhān kardan	پنهان کردن
verdedigen (je land ~)	defā' kardan	دفاع کردن
verenigen (ww)	mottahed kardan	متحد کردن
vergelijken (ww)	moqāyse kardan	مقایسه کردن
vergeten (ww)	farāmuš kardan	فراموش کردن
vergeven (ww)	baxšidan	بخشیدن
verklaren (uitleggen)	touzih dādan	توضیح دادن
verkopen (per stuk ~)	foruxtan	فروختن
vermelden (praten over)	zekr kardan	ذکر کردن
versieren (decoreren)	tazyin kardan	تزیین کردن
vertalen (ww)	tarjome kardan	ترجمه کردن
vertrouwen (ww)	etminān kardan	اطمینان کردن
vervolgen (ww)	edāme dādan	ادامه دادن
verwarren (met elkaar ~)	qāti kardan	قاطی کردن
verzoeken (ww)	xāstan	خواستن
verzuimen (school, enz.)	qāyeb budan	غایب بودن
vinden (ww)	peydā kardan	پیدا کردن
vliegen (ww)	parvāz kardan	پرواز کردن
volgen (ww)	donbāl kardan	دنبال کردن
voorstellen (ww)	pišnahād dādan	پیشنهاد دادن
voorzien (verwachten)	pišbini kardan	پیش بینی کردن
vragen (ww)	porsidan	پرسیدن
waarnemen (ww)	mošāhede kardan	مشاهده کردن
waarschuwen (ww)	hošdār dādan	هشدار دادن
wachten (ww)	montazer budan	منتظر بودن
weerspreken (ww)	moxalefat kardan	مخالفت کردن
weigeren (ww)	rad kardan	رد کردن
werken (ww)	kār kardan	کار کردن
weten (ww)	dānestan	دانستن
willen (verlangen)	xāstan	خواستن
zeggen (ww)	goftan	گفتن
zich haasten (ww)	ajale kardan	عجله کردن
zich interesseren voor ...	alāqe dāštan	علاقه داشتن
zich vergissen (ww)	eštebāh kardan	اشتباه کردن
zich verontschuldigen	ozr xāstan	عذر خواستن
zien (ww)	didan	دیدن
zijn (ww)	budan	بودن
zoeken (ww)	jostoju kardan	جستجو کردن
zwemmen (ww)	šenā kardan	شنا کردن
zwijgen (ww)	sāket māndan	ساکت ماندن

14. Kleuren

kleur (de)	rang	رنگ
tint (de)	teyf-e rang	طیف رنگ
kleurnuance (de)	rangmaye	رنگمایه
regenboog (de)	rangin kamān	رنگین کمان
wit (bn)	sefid	سفید
zwart (bn)	siyāh	سیاه
grijs (bn)	xākestari	خاکستری
groen (bn)	sabz	سبز
geel (bn)	zard	زرد
rood (bn)	sorx	سرخ
blauw (bn)	abi	آبی
lichtblauw (bn)	ābi rowšan	آبی روشن
roze (bn)	surati	صورتی
oranje (bn)	nārenji	نارنجی
violet (bn)	banafš	بنفش
bruin (bn)	qahve i	قهوه ای
goud (bn)	talāyi	طلایی
zilverkleurig (bn)	noqre i	نقره ای
beige (bn)	baž	بژ
roomkleurig (bn)	kerem	کرم
turkoois (bn)	firuze i	فیروزه ای
kersrood (bn)	ālbāluyi	آلبالویی
lila (bn)	banafš yasi	بنفش یاسی
karmijnrood (bn)	zereški	زرشکی
licht (bn)	rowšan	روشن
donker (bn)	tire	تیره
fel (bn)	rowšan	روشن
kleur-, kleurig (bn)	rangi	رنگی
kleuren- (abn)	rangi	رنگی
zwart-wit (bn)	siyāh-o sefid	سیاه و سفید
eenkleurig (bn)	yek rang	یک رنگ
veelkleurig (bn)	rangārang	رنگارنگ

15. Vragen

Wie?	če kas-i?	چه کسی؟
Wat?	če čiz-i?	چه چیزی؟
Waar?	kojā?	کجا؟
Waarheen?	kojā?	کجا؟
Waarvandaan?	az kojā?	از کجا؟
Wanneer?	če vaqt?	چه وقت؟
Waarom?	čerā?	چرا؟
Waarom?	čerā?	چرا؟
Waarvoor dan ook?	barā-ye če?	برای چه؟

Hoe?	četor?	چطور؟
Wat voor ...?	kodām?	کدام؟
Welk?	kodām?	کدام؟

Aan wie?	barā-ye ki?	برای کی؟
Over wie?	dar bāre-ye ki?	درباره کی؟
Waarover?	darbāre-ye či?	درباره چی؟
Met wie?	bā ki?	با کی؟

Hoeveel?	čeqadr?	چقدر؟
Van wie?	māl-e ki?	مال کی؟

16. Voorzetsels

met (bijv. ~ beleg)	bā	با
zonder (~ accent)	bedune	بدون
naar (in de richting van)	be	به
over (praten ~)	rāje' be	راجع به
voor (in tijd)	piš az	پیش از
voor (aan de voorkant)	dar moqābel	در مقابل

onder (lager dan)	zir	زیر
boven (hoger dan)	bālā-ye	بالای
op (bovenop)	ruy	روی
van (uit, afkomstig van)	az	از
van (gemaakt van)	az	از

over (bijv. ~ een uur)	tā	تا
over (over de bovenkant)	az bālāye	از بالای

17. Functiewoorden. Bijwoorden. Deel 1

Waar?	kojā?	کجا؟
hier (bw)	in jā	این جا
daar (bw)	ānjā	آنجا

ergens (bw)	jā-yi	جایی
nergens (bw)	hič kojā	هیچ کجا

bij ... (in de buurt)	nazdik	نزدیک
bij het raam	nazdik panjere	نزدیک پنجره

Waarheen?	kojā?	کجا؟
hierheen (bw)	in jā	این جا
daarheen (bw)	ānjā	آنجا
hiervandaan (bw)	az injā	از اینجا
daarvandaan (bw)	az ānjā	از آنجا

dichtbij (bw)	nazdik	نزدیک
ver (bw)	dur	دور
in de buurt (van ...)	nazdik	نزدیک
dichtbij (bw)	nazdik	نزدیک

niet ver (bw)	nazdik	نزدیک
linker (bn)	čap	چپ
links (bw)	dast-e čap	دست چپ
linksaf, naar links (bw)	be čap	به چپ
rechter (bn)	rāst	راست
rechts (bw)	dast-e rāst	دست راست
rechtsaf, naar rechts (bw)	be rāst	به راست
vooraan (bw)	jelo	جلو
voorste (bn)	jelo	جلو
vooruit (bw)	jelo	جلو
achter (bw)	aqab	عقب
van achteren (bw)	az aqab	از عقب
achteruit (naar achteren)	aqab	عقب
midden (het)	vasat	وسط
in het midden (bw)	dar vasat	در وسط
opzij (bw)	pahlu	پهلو
overal (bw)	hame jā	همه جا
omheen (bw)	atrāf	اطراف
binnenuit (bw)	az daxel	از داخل
naar ergens (bw)	jā-yi	جایی
rechtdoor (bw)	mostaqim	مستقیم
terug (bijv. ~ komen)	aqab	عقب
ergens vandaan (bw)	az har jā	از هر جا
ergens vandaan (en dit geld moet ~ komen)	az yek jā-yi	از یک جایی
ten eerste (bw)	avvalan	اولاً
ten tweede (bw)	dumā	دوما
ten derde (bw)	sālesan	ثالثاً
plotseling (bw)	nāgahān	ناگهان
in het begin (bw)	dar avval	در اول
voor de eerste keer (bw)	barā-ye avvalin bār	برای اولین بار
lang voor ... (bw)	xeyli vaqt piš	خیلی وقت پیش
opnieuw (bw)	az now	از نو
voor eeuwig (bw)	barā-ye hamiše	برای همیشه
nooit (bw)	hič vaqt	هیچ وقت
weer (bw)	dobāre	دوباره
nu (bw)	alān	الان
vaak (bw)	aqlab	اغلب
toen (bw)	ān vaqt	آن وقت
urgent (bw)	foran	فوراً
meestal (bw)	ma'mulan	معمولاً
trouwens, ... (tussen haakjes)	rāst-i	راستی
mogelijk (bw)	momken ast	ممکن است
waarschijnlijk (bw)	ehtemālan	احتمالاً

misschien (bw)	šāyad	شاید
trouwens (bw)	bealāve	بعلاوه
daarom ...	be hamin xāter	به همین خاطر
in weerwil van ...	alāraqm	علیرغم
dankzij ...	be lotf	به لطف
wat (vn)	če?	چه؟
dat (vw)	ke	که
iets (vn)	yek čiz-i	یک چیزی
iets	yek kāri	یک کاری
niets (vn)	hič čiz	هیچ چیز
wie (~ is daar?)	ki	کی
iemand (een onbekende)	yek kas-i	یک کسی
iemand (een bepaald persoon)	yek kas-i	یک کسی
niemand (vn)	hič kas	هیچ کس
nergens (bw)	hič kojā	هیچ کجا
niemands (bn)	māl-e hičkas	مال هیچ کس
iemands (bn)	har kas-i	هر کسی
zo (Ik ben ~ blij)	xeyli	خیلی
ook (evenals)	ham	هم
alsook (eveneens)	ham	هم

18. Functiewoorden. Bijwoorden. Deel 2

Waarom?	čerā?	چرا؟
om een bepaalde reden	be dalil-i	به دلیلی
omdat ...	čon	چون
voor een bepaald doel	barā-ye maqsudi	برای مقصودی
en (vw)	va	و
of (vw)	yā	یا
maar (vw)	ammā	اما
voor (vz)	barā-ye	برای
te (~ veel mensen)	besyār	بسیار
alleen (bw)	faqat	فقط
precies (bw)	daqiqan	دقیقا
ongeveer (~ 10 kg)	taqriban	تقریباً
omstreeks (bw)	taqriban	تقریباً
bij benadering (bn)	taqribi	تقریبی
bijna (bw)	taqriban	تقریباً
rest (de)	baqiye	بقیه
de andere (tweede)	digar	دیگر
ander (bn)	digar	دیگر
elk (bn)	har	هر
om het even welk	har	هر
veel (grote hoeveelheid)	ziyād	زیاد
veel mensen	besyāri	بسیاری

iedereen (alle personen)	hame	همه
in ruil voor ...	dar avaz	در عوض
in ruil (bw)	dar barābar	در برابر
met de hand (bw)	dasti	دستى
onwaarschijnlijk (bw)	baid ast	بعيد است
waarschijnlijk (bw)	ehtemālan	احتمالاً
met opzet (bw)	amdan	عمداً
toevallig (bw)	tasādofi	تصادفى
zeer (bw)	besyār	بسيار
bijvoorbeeld (bw)	masalan	مثلاً
tussen (~ twee steden)	beyn	بين
tussen (te midden van)	miyān	ميان
zoveel (bw)	in qadr	اين قدر
vooral (bw)	maxsusan	مخصوصاً

Basisbegrippen Deel 2

19. Dagen van de week

maandag (de)	došanbe	دوشنبه
dinsdag (de)	se šanbe	سه شنبه
woensdag (de)	čāhāršanbe	چهارشنبه
donderdag (de)	panj šanbe	پنج شنبه
vrijdag (de)	jom'e	جمعه
zaterdag (de)	šanbe	شنبه
zondag (de)	yek šanbe	یک شنبه
vandaag (bw)	emruz	امروز
morgen (bw)	fardā	فردا
overmorgen (bw)	pas fardā	پس فردا
gisteren (bw)	diruz	دیروز
eergisteren (bw)	pariruz	پریروز
dag (de)	ruz	روز
werkdag (de)	ruz-e kāri	روز کاری
feestdag (de)	ruz-e jašn	روز جشن
verlofdag (de)	ruz-e ta'til	روز تعطیل
weekend (het)	āxar-e hafte	آخر هفته
de hele dag (bw)	tamām-e ruz	تمام روز
de volgende dag (bw)	ruz-e ba'd	روز بعد
twee dagen geleden	do ruz-e piš	دو روز پیش
aan de vooravond (bw)	ruz-e qabl	روز قبل
dag-, dagelijks (bn)	ruzāne	روزانه
elke dag (bw)	har ruz	هر روز
week (de)	hafte	هفته
vorige week (bw)	hafte-ye gozašte	هفته گذشته
volgende week (bw)	hafte-ye āyande	هفته آینده
wekelijks (bn)	haftegi	هفتگی
elke week (bw)	har hafte	هر هفته
twee keer per week	do bār dar hafte	دو بار درهفته
elke dinsdag	har sešanbe	هر سه شنبه

20. Uren. Dag en nacht

morgen (de)	sobh	صبح
's morgens (bw)	sobh	صبح
middag (de)	zohr	ظهر
's middags (bw)	ba'd az zohr	بعد ازظهر
avond (de)	asr	عصر
's avonds (bw)	asr	عصر

nacht (de)	šab	شب
's nachts (bw)	šab	شب
middernacht (de)	nesfe šab	نصفه شب
seconde (de)	sānie	ثانیه
minuut (de)	daqiqe	دقیقه
uur (het)	sā'at	ساعت
halfuur (het)	nim sā'at	نیم ساعت
kwartier (het)	yek rob'	یک ربع
vijftien minuten	pānzdah daqiqe	پانزده دقیقه
etmaal (het)	šabāne ruz	شبانه روز
zonsopgang (de)	tolu-'e āftāb	طلوع آفتاب
dageraad (de)	sahar	سحر
vroege morgen (de)	sobh-e zud	صبح زود
zonsondergang (de)	qorub	غروب
's morgens vroeg (bw)	sobh-e zud	صبح زود
vanmorgen (bw)	emruz sobh	امروز صبح
morgenochtend (bw)	fardā sobh	فردا صبح
vanmiddag (bw)	emruz zohr	امروز ظهر
's middags (bw)	ba'd az zohr	بعد ازظهر
morgenmiddag (bw)	fardā ba'd az zohr	فردا بعد ازظهر
vanavond (bw)	emšab	امشب
morgenavond (bw)	fardā šab	فردا شب
klokslag drie uur	sar-e sā'at-e se	سر ساعت ٣
ongeveer vier uur	nazdik-e sā'at-e čāhār	نزدیک ساعت ۴
tegen twaalf uur	nazdik zohr	نزدیک ظهر
over twintig minuten	bist daqiqe-ye digar	٢٠ دقیقه دیگر
over een uur	yek sā'at-e digar	یک ساعت دیگر
op tijd (bw)	be moqe'	به موقع
kwart voor ...	yek rob' be	یک ربع به
binnen een uur	yek sā'at-e digar	یک ساعت دیگر
elk kwartier	har pānzdah daqiqe	هر ۱۵ دقیقه
de klok rond	šabāne ruz	شبانه روز

21. Maanden. Seizoenen

januari (de)	žānvie	ژانویه
februari (de)	fevriye	فوریه
maart (de)	mārs	مارس
april (de)	āvril	آوریل
mei (de)	meh	مه
juni (de)	žuan	ژوئن
juli (de)	žuiye	ژوئیه
augustus (de)	owt	اوت
september (de)	septāmbr	سپتامبر
oktober (de)	oktobr	اکتبر

november (de)	novāmbr	نوامبر
december (de)	desāmr	دسامبر
lente (de)	bahār	بهار
in de lente (bw)	dar bahār	در بهار
lente- (abn)	bahāri	بهاری
zomer (de)	tābestān	تابستان
in de zomer (bw)	dar tābestān	در تابستان
zomer-, zomers (bn)	tābestāni	تابستانی
herfst (de)	pāyiz	پاییز
in de herfst (bw)	dar pāyiz	در پاییز
herfst- (abn)	pāyizi	پاییزی
winter (de)	zemestān	زمستان
in de winter (bw)	dar zemestān	در زمستان
winter- (abn)	zemestāni	زمستانی
maand (de)	māh	ماه
deze maand (bw)	in māh	این ماه
volgende maand (bw)	māh-e āyande	ماه آینده
vorige maand (bw)	māh-e gozašte	ماه گذشته
een maand geleden (bw)	yek māh qabl	یک ماه قبل
over een maand (bw)	yek māh digar	یک ماه دیگر
over twee maanden (bw)	do māh-e digar	۲ ماه دیگر
de hele maand (bw)	tamām-e māh	تمام ماه
een volle maand (bw)	tamām-e māh	تمام ماه
maand-, maandelijks (bn)	māhāne	ماهانه
maandelijks (bw)	māhāne	ماهانه
elke maand (bw)	har māh	هر ماه
twee keer per maand	do bār dar māh	دو بار درماه
jaar (het)	sāl	سال
dit jaar (bw)	emsāl	امسال
volgend jaar (bw)	sāl-e āyande	سال آینده
vorig jaar (bw)	sāl-e gozašte	سال گذشته
een jaar geleden (bw)	yek sāl qabl	یک سال قبل
over een jaar	yek sāl-e digar	یک سال دیگر
over twee jaar	do sāl-e digar	۲ سال دیگر
het hele jaar	tamām-e sāl	تمام سال
een vol jaar	tamām-e sāl	تمام سال
elk jaar	har sāl	هر سال
jaar-, jaarlijks (bn)	sālāne	سالانه
jaarlijks (bw)	sālāne	سالانه
4 keer per jaar	čāhār bār dar sāl	چهار بار در سال
datum (de)	tārix	تاریخ
datum (de)	tārix	تاریخ
kalender (de)	taqvim	تقویم
een half jaar	nim sāl	نیم سال
zes maanden	nim sāl	نیم سال

seizoen (bijv. lente, zomer)	fasl	فصل
eeuw (de)	qarn	قرن

22. Meeteenheden

gewicht (het)	vazn	وزن
lengte (de)	tul	طول
breedte (de)	arz	عرض
hoogte (de)	ertefā'	ارتفاع
diepte (de)	omq	عمق
volume (het)	hajm	حجم
oppervlakte (de)	masāhat	مساحت
gram (het)	garm	گرم
milligram (het)	mili geram	میلی گرم
kilogram (het)	kilugeram	کیلوگرم
ton (duizend kilo)	ton	تن
pond (het)	pond	پوند
ons (het)	ons	اونس
meter (de)	metr	متر
millimeter (de)	mili metr	میلی متر
centimeter (de)	sāntimetr	سانتیمتر
kilometer (de)	kilumetr	کیلومتر
mijl (de)	māyel	مایل
duim (de)	inč	اینچ
voet (de)	fowt	فوت
yard (de)	yārd	یارد
vierkante meter (de)	metr morabba'	متر مربع
hectare (de)	hektār	هکتار
liter (de)	litr	لیتر
graad (de)	daraje	درجه
volt (de)	volt	ولت
ampère (de)	āmper	آمپر
paardenkracht (de)	asb-e boxār	اسب بخار
hoeveelheid (de)	meqdār	مقدار
een beetje ...	kami	کمی
helft (de)	nim	نیم
dozijn (het)	dojin	دوجین
stuk (het)	tā	تا
afmeting (de)	andāze	اندازه
schaal (bijv. ~ van 1 op 50)	meqyās	مقیاس
minimaal (bn)	haddeaqal	حداقل
minste (bn)	kučaktarin	کوچکترین
medium (bn)	motevasset	متوسط
maximaal (bn)	haddeaksar	حداکثر
grootste (bn)	bištarin	بیشترین

23. Containers

glazen pot (de)	šišeh konserv	شیشه کنسرو
blik (conserven~)	quti	قوطی
emmer (de)	satl	سطل
ton (bijv. regenton)	boške	بشکه
ronde waterbak (de)	tašt	تشت
tank (bijv. watertank-70-ltr)	maxzan	مخزن
heupfles (de)	qomqome	قمقمه
jerrycan (de)	dabbe	دبه
tank (bijv. ketelwagen)	maxzan	مخزن
beker (de)	livān	لیوان
kopje (het)	fenjān	فنجان
schoteltje (het)	na'lbeki	نعلبکی
glas (het)	estekān	استکان
wijnglas (het)	gilās-e šarāb	گیلاس شراب
pan (de)	qāblame	قابلمه
fles (de)	botri	بطری
flessenhals (de)	gardan-e botri	گردن بطری
karaf (de)	tong	تنگ
kruik (de)	pārč	پارچ
vat (het)	zarf	ظرف
pot (de)	sofāl	سفال
vaas (de)	goldān	گلدان
flacon (de)	botri	بطری
flesje (het)	viyāl	ویال
tube (bijv. ~ tandpasta)	tiyub	تیوب
zak (bijv. ~ aardappelen)	kise	کیسه
tasje (het)	pākat	پاکت
pakje (~ sigaretten, enz.)	baste	بسته
doos (de)	ja'be	جعبه
kist (de)	sanduq	صندوق
mand (de)	sabad	سبد

MENS

Mens. Het lichaam

24. Hoofd

hoofd (het)	sar	سر
gezicht (het)	surat	صورت
neus (de)	bini	بینی
mond (de)	dahān	دهان
oog (het)	češm	چشم
ogen (mv.)	češm-hā	چشم ها
pupil (de)	mardomak	مردمک
wenkbrauw (de)	abru	ابرو
wimper (de)	može	مژه
ooglid (het)	pelek	پلک
tong (de)	zabān	زبان
tand (de)	dandān	دندان
lippen (mv.)	lab-hā	لب ها
jukbeenderen (mv.)	ostexānhā-ye gune	استخوان های گونه
tandvlees (het)	lase	لثه
gehemelte (het)	saqf-e dahān	سقف دهان
neusgaten (mv.)	surāxhā-ye bini	سوراخ های بینی
kin (de)	čāne	چانه
kaak (de)	fak	فک
wang (de)	gune	گونه
voorhoofd (het)	pišāni	پیشانی
slaap (de)	gijgāh	گیجگاه
oor (het)	guš	گوش
achterhoofd (het)	pas gardan	پس گردن
hals (de)	gardan	گردن
keel (de)	galu	گلو
haren (mv.)	mu-hā	مو ها
kapsel (het)	model-e mu	مدل مو
haarsnit (de)	model-e mu	مدل مو
pruik (de)	kolāh-e gis	کلاه گیس
snor (de)	sebil	سبیل
baard (de)	riš	ریش
dragen (een baard, enz.)	gozāštan	گذاشتن
vlecht (de)	muy-ye bāfte	موی بافته
bakkebaarden (mv.)	xatt-e riš	خط ریش
ros (roodachtig, rossig)	muqermez	موقرمز
grijs (~ haar)	sefid-e mu	سفید مو

kaal (bn)	tās	طاس
kale plek (de)	tāsi	طاسی
paardenstaart (de)	dom-e asbi	دم اسبی
pony (de)	čatri	چتری

25. Menselijk lichaam

hand (de)	dast	دست
arm (de)	bāzu	بازو
vinger (de)	angošt	انگشت
teen (de)	šast-e pā	شصت پا
duim (de)	šost	شست
pink (de)	angošt-e kučak	انگشت کوچک
nagel (de)	nāxon	ناخن
vuist (de)	mošt	مشت
handpalm (de)	kaf-e dast	کف دست
pols (de)	moč-e dast	مچ دست
voorarm (de)	sā'ed	ساعد
elleboog (de)	āranj	آرنج
schouder (de)	ketf	کتف
been (rechter ~)	pā	پا
voet (de)	pā	پا
knie (de)	zānu	زانو
kuit (de)	sāq	ساق
heup (de)	rān	ران
hiel (de)	pāšne-ye pā	پاشنهٔ پا
lichaam (het)	badan	بدن
buik (de)	šekam	شکم
borst (de)	sine	سینه
borst (de)	sine	سینه
zijde (de)	pahlu	پهلو
rug (de)	pošt	پشت
lage rug (de)	kamar	کمر
taille (de)	dur-e kamar	دور کمر
navel (de)	nāf	ناف
billen (mv.)	nešiman-e gāh	نشیمن گاه
achterwerk (het)	bāsan	باسن
huidvlek (de)	xāl	خال
moedervlek (de)	xāl-e mādarzād	خال مادرزاد
tatoeage (de)	xāl kubi	خال کوبی
litteken (het)	jā-ye zaxm	جای زخم

Kleding en accessoires

26. Bovenkleding. Jassen

kleren (mv.)	lebās	لباس
bovenkleding (de)	lebās-e ru	لباس رو
winterkleding (de)	lebās-e zemestāni	لباس زمستانی
jas (de)	pāltow	پالتو
bontjas (de)	pālto-ye pustin	پالتوی پوستین
bontjasje (het)	kot-e pustin	کت پوستین
donzen jas (de)	kāpšan	کاپشن
jasje (bijv. een leren ~)	kot	کت
regenjas (de)	bārāni	بارانی
waterdicht (bn)	zed-e āb	ضد آب

27. Heren & dames kleding

overhemd (het)	pirāhan	پیراهن
broek (de)	šalvār	شلوار
jeans (de)	jin	جین
colbert (de)	kot	کت
kostuum (het)	kat-o šalvār	کت و شلوار
jurk (de)	lebās	لباس
rok (de)	dāman	دامن
blouse (de)	boluz	بلوز
wollen vest (de)	jeliqe-ye kešbāf	جلیقه کشباف
blazer (kort jasje)	kot	کت
T-shirt (het)	tey šarr-at	تی شرت
shorts (mv.)	šalvarak	شلوارک
trainingspak (het)	lebās-e varzeši	لباس ورزشی
badjas (de)	howle-ye hamām	حوله حمام
pyjama (de)	pižāme	پیژامه
sweater (de)	poliver	پلیور
pullover (de)	poliver	پلیور
gilet (het)	jeliqe	جلیقه
rokkostuum (het)	kat-e dāman gerd	کت دامن گرد
smoking (de)	esmoking	اسموکینگ
uniform (het)	oniform	اونیفورم
werkkleding (de)	lebās-e kār	لباس کار
overall (de)	rupuš	روپوش
doktersjas (de)	rupuš	روپوش

28. Kleding. Ondergoed

ondergoed (het)	lebās-e zir	لباس زیر
herenslip (de)	šort-e bākser	شورت باکسر
slipjes (mv.)	šort-e zanāne	شورت زنانه
onderhemd (het)	zir-e pirāhan-i	زیر پیراهنی
sokken (mv.)	jurāb	جوراب
nachthemd (het)	lebās-e xāb	لباس خواب
beha (de)	sine-ye band	سینه بند
kniekousen (mv.)	sāq	ساق
panty (de)	jurāb-e šalvāri	جوراب شلواری
nylonkousen (mv.)	jurāb-e sāqeboland	جوراب ساقه بلند
badpak (het)	māyo	مایو

29. Hoofddeksels

hoed (de)	kolāh	کلاه
deukhoed (de)	šāpo	شاپو
honkbalpet (de)	kolāh beysbāl	کلاه بیس بال
kleppet (de)	kolāh-e taxt	کلاه تخت
baret (de)	kolāh barre	کلاه بره
kap (de)	kolāh-e bārāni	کلاه بارانی
panamahoed (de)	kolāh-e dowre-ye boland	کلاه دوره بلند
gebreide muts (de)	kolāh-e bāftani	کلاه بافتنی
hoofddoek (de)	rusari	روسری
dameshoed (de)	kolāh-e zanāne	کلاه زنانه
veiligheidshelm (de)	kolāh-e imeni	کلاه ایمنی
veldmuts (de)	kolāh-e pādegān	کلاه پادگان
helm, valhelm (de)	kolāh-e imeni	کلاه ایمنی
bolhoed (de)	kolāh-e namadi	کلاه نمدی
hoge hoed (de)	kolāh-e ostovānei	کلاه استوانه ای

30. Schoeisel

schoeisel (het)	kafš	کفش
schoenen (mv.)	putin	پوتین
vrouwenschoenen (mv.)	kafš	کفش
laarzen (mv.)	čakme	چکمه
pantoffels (mv.)	dampāyi	دمپایی
sportschoenen (mv.)	kafš katān-i	کفش کتانی
sneakers (mv.)	kafš katān-i	کفش کتانی
sandalen (mv.)	sandal	صندل
schoenlapper (de)	kaffāš	کفاش
hiel (de)	pāšne-ye kafš	پاشنۀ کفش

paar (een ~ schoenen)	yek joft	یک جفت
veter (de)	band-e kafš	بند کفش
rijgen (schoenen ~)	band-e kafš bastan	بند کفش بستن
schoenlepel (de)	pāšne keš	پاشنه کش
schoensmeer (de/het)	vāks	واکس

31. Persoonlijke accessoires

handschoenen (mv.)	dastkeš	دستکش
wanten (mv.)	dastkeš-e yek angošti	دستکش یک انگشتی
sjaal (fleece ~)	šāl-e gardan	شال گردن
bril (de)	eynak	عینک
brilmontuur (het)	qāb	قاب
paraplu (de)	čatr	چتر
wandelstok (de)	asā	عصا
haarborstel (de)	bores-e mu	برس مو
waaier (de)	bādbezan	بادبزن
das (de)	kerāvāt	کراوات
strikje (het)	pāpiyon	پاپیون
bretels (mv.)	band šalvār	بند شلوار
zakdoek (de)	dastmāl	دستمال
kam (de)	šāne	شانه
haarspeldje (het)	sanjāq-e mu	سنجاق مو
schuifspeldje (het)	sanjāq-e mu	سنجاق مو
gesp (de)	sagak	سگک
broekriem (de)	kamarband	کمربند
draagriem (de)	tasme	تسمه
handtas (de)	keyf	کیف
damestas (de)	keyf-e zanāne	کیف زنانه
rugzak (de)	kule pošti	کوله پشتی

32. Kleding. Diversen

mode (de)	mod	مد
de mode (bn)	mod	مد
kledingstilist (de)	tarrāh-e lebas	طراح لباس
kraag (de)	yaqe	یقه
zak (de)	jib	جیب
zak- (abn)	jibi	جیبی
mouw (de)	āstin	آستین
lusje (het)	band-e āviz	بند آویز
gulp (de)	zip	زیپ
rits (de)	zip	زیپ
sluiting (de)	sagak	سگک
knoop (de)	dokme	دکمه

knoopsgat (het)	surāx-e dokme	سوراخ دکمه
losraken (bijv. knopen)	kande šodan	کنده شدن
naaien (kleren, enz.)	duxtan	دوختن
borduren (ww)	golduzi kardan	گلدوزی کردن
borduursel (het)	golduzi	گلدوزی
naald (de)	suzan	سوزن
draad (de)	nax	نخ
naad (de)	darz	درز
vies worden (ww)	kasif šodan	کثیف شدن
vlek (de)	lakke	لکه
gekreukt raken (ov. kleren)	čoruk šodan	چروک شدن
scheuren (ov.ww.)	pāre kardan	پاره کردن
mot (de)	šab parre	شب پره

33. Persoonlijke verzorging. Schoonheidsmiddelen

tandpasta (de)	xamir-e dandān	خمیر دندان
tandenborstel (de)	mesvāk	مسواک
tanden poetsen (ww)	mesvāk zadan	مسواک زدن
scheermes (het)	tiq	تیغ
scheerschuim (het)	kerem-e riš tarāši	کرم ریش تراشی
zich scheren (ww)	riš tarāšidan	ریش تراشیدن
zeep (de)	sābun	صابون
shampoo (de)	šāmpu	شامپو
schaar (de)	qeyči	قیچی
nagelvijl (de)	sohan-e nāxon	سوهان ناخن
nagelknipper (de)	nāxon gir	ناخن گیر
pincet (het)	mučin	موچین
cosmetica (mv.)	lavāzem-e ārāyeši	لوازم آرایشی
masker (het)	māsk	ماسک
manicure (de)	mānikur	مانیکور
manicure doen	mānikur kardan	مانیکور کردن
pedicure (de)	pedikur	پدیکور
cosmetica tasje (het)	kife lavāzem-e ārāyeši	کیف لوازم آرایشی
poeder (de/het)	pudr	پودر
poederdoos (de)	ja'be-ye pudr	جعبهٔ پودر
rouge (de)	sorxāb	سرخاب
parfum (de/het)	atr	عطر
eau de toilet (de)	atr	عطر
lotion (de)	losiyon	لوسیون
eau de cologne (de)	odkolon	اودکلن
oogschaduw (de)	sāye-ye češm	سایه چشم
oogpotlood (het)	medād čašm	مداد چشم
mascara (de)	rimel	ریمل
lippenstift (de)	mātik	ماتیک

nagellak (de)	lāk-e nāxon	لاک ناخن
haarlak (de)	esperey-ye mu	اسپری مو
deodorant (de)	deodyrant	دئودورانت

crème (de)	kerem	کرم
gezichtscrème (de)	kerem-e surat	کرم صورت
handcrème (de)	kerem-e dast	کرم دست
antirimpelcrème (de)	kerem-e zedd-e čoruk	کرم ضد چروک
dagcrème (de)	kerem-e ruz	کرم روز
nachtcrème (de)	kerem-e šab	کرم شب
dag- (abn)	ruzāne	روزانه
nacht- (abn)	šab	شب

tampon (de)	tāmpon	تامپون
toiletpapier (het)	kāqaz-e tuālet	کاغذ توالت
föhn (de)	sešovār	سشوار

34. Horloges. Klokken

polshorloge (het)	sā'at-e moči	ساعت مچی
wijzerplaat (de)	safhe-ye sā'at	صفحهٔ ساعت
wijzer (de)	aqrabe	عقربه
metalen horlogeband (de)	band-e sāat	بند ساعت
horlogebandje (het)	band-e čarmi	بند چرمی

batterij (de)	bātri	باطری
leeg zijn (ww)	tamām šodan bātri	تمام شدن باتری
batterij vervangen	bātri avaz kardan	باطری عوض کردن
voorlopen (ww)	jelo oftādan	جلو افتادن
achterlopen (ww)	aqab māndan	عقب ماندن

wandklok (de)	sā'at-e divāri	ساعت دیواری
zandloper (de)	sā'at-e šeni	ساعت شنی
zonnewijzer (de)	sā'at-e āftābi	ساعت آفتابی
wekker (de)	sā'at-e zang dār	ساعت زنگ دار
horlogemaker (de)	sā'at sāz	ساعت ساز
repareren (ww)	ta'mir kardan	تعمیر کردن

Voedsel. Voeding

35. Voedsel

vlees (het)	gušt	گوشت
kip (de)	morq	مرغ
kuiken (het)	juje	جوجه
eend (de)	ordak	اردک
gans (de)	qāz	غاز
wild (het)	gušt-e šekār	گوشت شکار
kalkoen (de)	gušt-e buqalamun	گوشت بوقلمون
varkensvlees (het)	gušt-e xuk	گوشت خوک
kalfsvlees (het)	gušt-e gusāle	گوشت گوساله
schapenvlees (het)	gušt-e gusfand	گوشت گوسفند
rundvlees (het)	gušt-e gāv	گوشت گاو
konijnenvlees (het)	xarguš	خرگوش
worst (de)	kālbās	کالباس
saucijs (de)	sosis	سوسیس
spek (het)	beykon	بیکن
ham (de)	žāmbon	ژامبون
gerookte achterham (de)	rān xuk	ران خوک
paté (de)	pāte	پاته
lever (de)	jegar	جگر
gehakt (het)	hamberger	همبرگر
tong (de)	zabān	زبان
ei (het)	toxm-e morq	تخم مرغ
eieren (mv.)	toxm-e morq-ha	تخم مرغ ها
eiwit (het)	sefide-ye toxm-e morq	سفیده تخم مرغ
eigeel (het)	zarde-ye toxm-e morq	زرده تخم مرغ
vis (de)	māhi	ماهی
zeevruchten (mv.)	qazā-ye daryāyi	غذای دریایی
schaaldieren (mv.)	saxtpustān	سختپوستان
kaviaar (de)	xāviār	خاویار
krab (de)	xarčang	خرچنگ
garnaal (de)	meygu	میگو
oester (de)	sadaf-e xorāki	صدف خوراکی
langoest (de)	xarčang-e xārdār	خرچنگ خاردار
octopus (de)	hašt pā	هشت پا
inktvis (de)	māhi-ye morakkab	ماهی مرکب
steur (de)	māhi-ye xāviār	ماهی خاویار
zalm (de)	māhi-ye salemon	ماهی سالمون
heilbot (de)	halibut	هالیبوت
kabeljauw (de)	māhi-ye rowqan	ماهی روغن

makreel (de)	māhi-ye esqumeri	ماهی اسقومری
tonijn (de)	tan māhi	تن ماهی
paling (de)	mārmāhi	مارماهی

forel (de)	māhi-ye qezelālā	ماهی قزل آلا
sardine (de)	sārdin	ساردین
snoek (de)	ordak māhi	اردک ماهی
haring (de)	māhi-ye šur	ماهی شور

brood (het)	nān	نان
kaas (de)	panir	پنیر
suiker (de)	qand	قند
zout (het)	namak	نمک

rijst (de)	berenj	برنج
pasta (de)	mākāroni	ماکارونی
noedels (mv.)	rešte-ye farangi	رشته فرنگی

boter (de)	kare	کره
plantaardige olie (de)	rowqan-e nabāti	روغن نباتی
zonnebloemolie (de)	rowqan āftābgardān	روغن آفتاب گردان
margarine (de)	mārgārin	مارگارین

olijven (mv.)	zeytun	زیتون
olijfolie (de)	rowqan-e zeytun	روغن زیتون

melk (de)	šir	شیر
gecondenseerde melk (de)	šir-e čegāl	شیر چگال
yoghurt (de)	mās-at	ماست
zure room (de)	xāme-ye torš	خامۀ ترش
room (de)	saršir	سرشیر

mayonaise (de)	māyonez	مایونز
crème (de)	xāme	خامه

graan (het)	hobubāt	حبوبات
meel (het), bloem (de)	ārd	آرد
conserven (mv.)	konserv-hā	کنسرو ها

maïsvlokken (mv.)	bereštuk	برشتوک
honing (de)	asal	عسل
jam (de)	morabbā	مربا
kauwgom (de)	ādāms	آدامس

36. Drankjes

water (het)	āb	آب
drinkwater (het)	āb-e āšāmidani	آب آشامیدنی
mineraalwater (het)	āb-e ma'dani	آب معدنی

zonder gas	bedun-e gāz	بدون گاز
koolzuurhoudend (bn)	gāzdār	گازدار
bruisend (bn)	gāzdār	گازدار
ijs (het)	yax	یخ

met ijs	yax dār	یخ دار
alcohol vrij (bn)	bi alkol	بی الکل
alcohol vrije drank (de)	nušābe-ye bi alkol	نوشابهٔ بی الکل
frisdrank (de)	nušābe-ye xonak	نوشابهٔ خنک
limonade (de)	limunād	لیموناد
alcoholische dranken (mv.)	mašrubāt-e alkoli	مشروبات الکلی
wijn (de)	šarāb	شراب
witte wijn (de)	šarāb-e sefid	شراب سفید
rode wijn (de)	šarāb-e sorx	شراب سرخ
likeur (de)	likor	لیکور
champagne (de)	šāmpāyn	شامپاین
vermout (de)	vermut	ورموت
whisky (de)	viski	ویسکی
wodka (de)	vodkā	ودکا
gin (de)	jin	جین
cognac (de)	konyāk	کنیاک
rum (de)	araq-e neyšekar	عرق نیشکر
koffie (de)	qahve	قهوه
zwarte koffie (de)	qahve-ye talx	قهوهٔ تلخ
koffie (de) met melk	šir-qahve	شیرقهوه
cappuccino (de)	kāpočino	کاپوچینو
oploskoffie (de)	qahve-ye fowri	قهوهٔ فوری
melk (de)	šir	شیر
cocktail (de)	kuktel	کوکتل
milkshake (de)	kuktele šir	کوکتل شیر
sap (het)	āb-e mive	آب میوه
tomatensap (het)	āb-e gowjefarangi	آب گوجه فرنگی
sinaasappelsap (het)	āb-e porteqāl	آب پرتقال
vers geperst sap (het)	āb-e mive-ye taze	آب میوهٔ تازه
bier (het)	ābejow	آبجو
licht bier (het)	ābejow-ye sabok	آبجوی سبک
donker bier (het)	ābejow-ye tire	آبجوی تیره
thee (de)	čāy	چای
zwarte thee (de)	čāy-e siyāh	چای سیاه
groene thee (de)	čāy-e sabz	چای سبز

37. Groenten

groenten (mv.)	sabzijāt	سبزیجات
verse kruiden (mv.)	sabzi	سبزی
tomaat (de)	gowje farangi	گوجه فرنگی
augurk (de)	xiyār	خیار
wortel (de)	havij	هویج
aardappel (de)	sib zamini	سیب زمینی
ui (de)	piyāz	پیاز

knoflook (de)	sir	سیر
kool (de)	kalam	کلم
bloemkool (de)	gol kalam	گل کلم
spruitkool (de)	koll-am boruksel	کلم بروکسل
broccoli (de)	kalam borokli	کلم بروکلی
rode biet (de)	čoqondar	چغندر
aubergine (de)	bādenjān	بادنجان
courgette (de)	kadu sabz	کدو سبز
pompoen (de)	kadu tanbal	کدو تنبل
raap (de)	šalqam	شلغم
peterselie (de)	ja'fari	جعفری
dille (de)	šavid	شوید
sla (de)	kāhu	کاهو
selderij (de)	karafs	کرفس
asperge (de)	mārčube	مارچوبه
spinazie (de)	esfenāj	اسفناج
erwt (de)	noxod	نخود
bonen (mv.)	lubiyā	لوبیا
maïs (de)	zorrat	ذرت
boon (de)	lubiyā qermez	لوبیا قرمز
peper (de)	felfel	فلفل
radijs (de)	torobče	تربچه
artisjok (de)	kangar farangi	کنگرفرنگی

38. Vruchten. Noten

vrucht (de)	mive	میوه
appel (de)	sib	سیب
peer (de)	golābi	گلابی
citroen (de)	limu	لیمو
sinaasappel (de)	porteqāl	پرتقال
aardbei (de)	tut-e farangi	توت فرنگی
mandarijn (de)	nārengi	نارنگی
pruim (de)	ālu	آلو
perzik (de)	holu	هلو
abrikoos (de)	zardālu	زردآلو
framboos (de)	tamešk	تمشک
ananas (de)	ānānās	آناناس
banaan (de)	mowz	موز
watermeloen (de)	hendevāne	هندوانه
druif (de)	angur	انگور
zure kers (de)	ālbālu	آلبالو
zoete kers (de)	gilās	گیلاس
meloen (de)	xarboze	خربزه
grapefruit (de)	gerip forut	گریپ فوروت
avocado (de)	āvokādo	اووکادو
papaja (de)	pāpāyā	پاپایا

mango (de)	anbe	انبه
granaatappel (de)	anār	انار
rode bes (de)	angur-e farangi-ye sorx	انگور فرنگی سرخ
zwarte bes (de)	angur-e farangi-ye siyāh	انگور فرنگی سیاه
kruisbes (de)	angur-e farangi	انگور فرنگی
bosbes (de)	zoqāl axte	زغال اخته
braambes (de)	šāh tut	شاه توت
rozijn (de)	kešmeš	کشمش
vijg (de)	anjir	انجیر
dadel (de)	xormā	خرما
pinda (de)	bādām zamin-i	بادام زمینی
amandel (de)	bādām	بادام
walnoot (de)	gerdu	گردو
hazelnoot (de)	fandoq	فندق
kokosnoot (de)	nārgil	نارگیل
pistaches (mv.)	peste	پسته

39. Brood. Snoep

suikerbakkerij (de)	širini jāt	شیرینی جات
brood (het)	nān	نان
koekje (het)	biskuit	بیسکویت
chocolade (de)	šokolāt	شکلات
chocolade- (abn)	šokolāti	شکلاتی
snoepje (het)	āb nabāt	آب نبات
cakeje (het)	nān-e širini	نان شیرینی
taart (bijv. verjaardags~)	širini	شیرینی
pastei (de)	keyk	کیک
vulling (de)	čāšni	چاشنی
confituur (de)	morabbā	مربا
marmelade (de)	mārmālād	مارمالاد
wafel (de)	vāfel	وافل
ijsje (het)	bastani	بستنی
pudding (de)	puding	پودینگ

40. Bereide gerechten

gerecht (het)	qazā	غذا
keuken (bijv. Franse ~)	qazā	غذا
recept (het)	dastur-e poxt	دستور پخت
portie (de)	pors	پرس
salade (de)	sālād	سالاد
soep (de)	sup	سوپ
bouillon (de)	pāye-ye sup	پایه سوپ
boterham (de)	sāndevič	ساندویچ

spiegelei (het)	nimru	نیمرو
hamburger (de)	hamberger	همبرگر
biefstuk (de)	esteyk	استیک
garnering (de)	moxallafāt	مخلفات
spaghetti (de)	espāgeti	اسپاگتی
aardappelpuree (de)	pure-ye sibi zamini	پورۀ سیب زمینی
pizza (de)	pitzā	پیتزا
pap (de)	šurbā	شوربا
omelet (de)	ommol-at	املت
gekookt (in water)	āb paz	آب پز
gerookt (bn)	dudi	دودی
gebakken (bn)	sorx šode	سرخ شده
gedroogd (bn)	xošk	خشک
diepvries (bn)	yax zade	یخ زده
gemarineerd (bn)	torši	ترشی
zoet (bn)	širin	شیرین
gezouten (bn)	šur	شور
koud (bn)	sard	سرد
heet (bn)	dāq	داغ
bitter (bn)	talx	تلخ
lekker (bn)	xoš mazze	خوش مزه
koken (in kokend water)	poxtan	پختن
bereiden (avondmaaltijd ~)	poxtan	پختن
bakken (ww)	sorx kardan	سرخ کردن
opwarmen (ww)	garm kardan	گرم کردن
zouten (ww)	namak zadan	نمک زدن
peperen (ww)	felfel pāšidan	فلفل پاشیدن
raspen (ww)	rande kardan	رنده کردن
schil (de)	pust	پوست
schillen (ww)	pust kandan	پوست کندن

41. Kruiden

zout (het)	namak	نمک
gezouten (bn)	šur	شور
zouten (ww)	namak zadan	نمک زدن
zwarte peper (de)	felfel-e siyāh	فلفل سیاه
rode peper (de)	felfel-e sorx	فلفل سرخ
mosterd (de)	xardal	خردل
mierikswortel (de)	torob-e kuhi	ترب کوهی
condiment (het)	adviye	ادویه
specerij, kruiderij (de)	adviye	ادویه
saus (de)	ses	سس
azijn (de)	serke	سرکه
anijs (de)	rāziyāne	رازیانه
basilicum (de)	reyhān	ریحان

kruidnagel (de)	mixak	ميخک
gember (de)	zanjefil	زنجفيل
koriander (de)	gešniz	گشنيز
kaneel (de/het)	dārčin	دارچين
sesamzaad (het)	konjed	کنجد
laurierblad (het)	barg-e bu	برگ بو
paprika (de)	paprika	پاپريکا
komijn (de)	zire	زيره
saffraan (de)	za'ferān	زعفران

42. Maaltijden

eten (het)	qazā	غذا
eten (ww)	xordan	خوردن
ontbijt (het)	sobhāne	صبحانه
ontbijten (ww)	sobhāne xordan	صبحانه خوردن
lunch (de)	nāhār	ناهار
lunchen (ww)	nāhār xordan	ناهار خوردن
avondeten (het)	šām	شام
souperen (ww)	šām xordan	شام خوردن
eetlust (de)	eštehā	اشتها
Eet smakelijk!	nuš-e jān	نوش جان
openen (een fles ~)	bāz kardan	باز کردن
morsen (koffie, enz.)	rixtan	ريختن
zijn gemorst	rixtan	ريختن
koken (water kookt bij 100°C)	jušidan	جوشيدن
koken (Hoe om water te ~)	jušāndan	جوشاندن
gekookt (~ water)	jušide	جوشيده
afkoelen (koeler maken)	sard kardan	سرد کردن
afkoelen (koeler worden)	sard šodan	سرد شدن
smaak (de)	maze	مزه
nasmaak (de)	maze	مزه
volgen een dieet	lāqar kardan	لاغر کردن
dieet (het)	režim	رژيم
vitamine (de)	vitāmin	ويتامين
calorie (de)	kālori	کالری
vegetariër (de)	giyāh xār	گياه خوار
vegetarisch (bn)	giyāh xāri	گياه خواری
vetten (mv.)	čarbi-hā	چربی ها
eiwitten (mv.)	porotein	پروتئين
koolhydraten (mv.)	karbohidrāt-hā	کربو هيدرات ها
snede (de)	qet'e	قطعه
stuk (bijv. een ~ taart)	tekke	تکه
kruimel (de)	zarre	ذره

43. Tafelschikking

lepel (de)	qāšoq	قاشق
mes (het)	kārd	کارد
vork (de)	čangāl	چنگال
kopje (het)	fenjān	فنجان
bord (het)	bošqāb	بشقاب
schoteltje (het)	na'lbeki	نعلبکی
servet (het)	dastmāl	دستمال
tandenstoker (de)	xelāl-e dandān	خلال دندان

44. Restaurant

restaurant (het)	resturān	رستوران
koffiehuis (het)	kāfe	کافه
bar (de)	bār	بار
tearoom (de)	qahve xāne	قهوه خانه
kelner, ober (de)	pišxedmat	پیشخدمت
serveerster (de)	pišxedmat	پیشخدمت
barman (de)	motesaddi-ye bār	متصدی بار
menu (het)	meno	منو
wijnkaart (de)	kārt-e šarāb	کارت شراب
een tafel reserveren	miz rezerv kardan	میز رزرو کردن
gerecht (het)	qazā	غذا
bestellen (eten ~)	sefāreš dādan	سفارش دادن
een bestelling maken	sefāreš dādan	سفارش دادن
aperitief (de/het)	mašrub-e piš qazā	مشروب پیش غذا
voorgerecht (het)	piš qazā	پیش غذا
dessert (het)	deser	دسر
rekening (de)	surat hesāb	صورت حساب
de rekening betalen	surat-e hesāb rā pardāxtan	صورت حساب را پرداختن
wisselgeld teruggeven	baqiye rā dādan	بقیه را دادن
fooi (de)	an'ām	انعام

Familie, verwanten en vrienden

45. Persoonlijke informatie. Formulieren

naam (de)	esm	اسم
achternaam (de)	nām-e xānevādegi	نام خانوادگی
geboortedatum (de)	tārix-e tavallod	تاریخ تولد
geboorteplaats (de)	mahall-e tavallod	محل تولد
nationaliteit (de)	melliyat	ملیت
woonplaats (de)	mahall-e sokunat	محل سکونت
land (het)	kešvar	کشور
beroep (het)	šoql	شغل
geslacht (ov. het vrouwelijk ~)	jens	جنس
lengte (de)	qad	قد
gewicht (het)	vazn	وزن

46. Familieleden. Verwanten

moeder (de)	mādar	مادر
vader (de)	pedar	پدر
zoon (de)	pesar	پسر
dochter (de)	doxtar	دختر
jongste dochter (de)	doxtar-e kučak	دختر کوچک
jongste zoon (de)	pesar-e kučak	پسر کوچک
oudste dochter (de)	doxtar-e bozorg	دختر بزرگ
oudste zoon (de)	pesar-e bozorg	پسر بزرگ
broer (de)	barādar	برادر
oudere broer (de)	barādar-e bozorg	برادر بزرگ
jongere broer (de)	barādar-e kučak	برادر کوچک
zuster (de)	xāhar	خواهر
oudere zuster (de)	xāhar-e bozorg	خواهر بزرگ
jongere zuster (de)	xāhar-e kučak	خواهر کوچک
neef (zoon van oom, tante)	pesar 'amu	پسر عمو
nicht (dochter van oom, tante)	doxtar amu	دخترعمو
mama (de)	māmān	مامان
papa (de)	bābā	بابا
ouders (mv.)	vāledeyn	والدین
kind (het)	kudak	کودک
kinderen (mv.)	bače-hā	بچه ها
oma (de)	mādarbozorg	مادربزرگ

opa (de)	pedar-bozorg	پدربزرگ
kleinzoon (de)	nave	نوه
kleindochter (de)	nave	نوه
kleinkinderen (mv.)	nave-hā	نوه ها
oom (de)	amu	عمو
tante (de)	xāle yā amme	خاله یا عمه
neef (zoon van broer, zus)	barādar-zāde	برادرزاده
nicht (dochter van broer, zus)	xāhar-zāde	خواهرزاده
schoonmoeder (de)	mādarzan	مادرزن
schoonvader (de)	pedar-šowhar	پدرشوهر
schoonzoon (de)	dāmād	داماد
stiefmoeder (de)	nāmādari	نامادری
stiefvader (de)	nāpedari	ناپدری
zuigeling (de)	nowzād	نوزاد
wiegenkind (het)	širxār	شیرخوار
kleuter (de)	pesar-e kučulu	پسر کوچولو
vrouw (de)	zan	زن
man (de)	šowhar	شوهر
echtgenoot (de)	hamsar	همسر
echtgenote (de)	hamsar	همسر
gehuwd (mann.)	mote'ahhel	متاهل
gehuwd (vrouw.)	mote'ahhel	متاهل
ongehuwd (mann.)	mojarrad	مجرد
vrijgezel (de)	mojarrad	مجرد
gescheiden (bn)	talāq gerefte	طلاق گرفته
weduwe (de)	bive zan	بیوه زن
weduwnaar (de)	bive	بیوه
familielid (het)	xišāvand	خویشاوند
dichte familielid (het)	aqvām-e nazdik	اقوام نزدیک
verre familielid (het)	aqvām-e dur	اقوام دور
familieleden (mv.)	aqvām	اقوام
wees (de), weeskind (het)	yatim	یتیم
voogd (de)	qayyem	قیم
adopteren (een jongen te ~)	be pesari gereftan	به پسری گرفتن
adopteren (een meisje te ~)	be doxtari gereftan	به دختری گرفتن

Geneeskunde

47. Ziekten

ziekte (de)	bimāri	بیماری
ziek zijn (ww)	bimār budan	بیمار بودن
gezondheid (de)	salāmati	سلامتی
snotneus (de)	āb-e rizeš-e bini	آب ریزش بینی
angina (de)	varam-e lowze	ورم لوزه
verkoudheid (de)	sarmā xordegi	سرما خوردگی
verkouden raken (ww)	sarmā xordan	سرما خوردن
bronchitis (de)	boronšit	برنشیت
longontsteking (de)	zātorrie	ذات الریه
griep (de)	ānfolānzā	آنفولانزا
bijziend (bn)	nazdik bin	نزدیک بین
verziend (bn)	durbin	دوربین
scheelheid (de)	enherāf-e čašm	انحراف چشم
scheel (bn)	luč	لوچ
grauwe staar (de)	āb morvārid	آب مروارید
glaucoom (het)	ab-e siyāh	آب سیاه
beroerte (de)	sekte-ye maqzi	سکته مغزی
hartinfarct (het)	sekte-ye qalbi	سکته قلبی
myocardiaal infarct (het)	ānfārktus	آنفارکتوس
verlamming (de)	falaji	فلجی
verlammen (ww)	falj kardan	فلج کردن
allergie (de)	ālerži	آلرژی
astma (de/het)	āsm	آسم
diabetes (de)	diyābet	دیابت
tandpijn (de)	dandān-e dard	دندان درد
tandbederf (het)	pusidegi	پوسیدگی
diarree (de)	eshāl	اسهال
constipatie (de)	yobusat	یبوست
maagstoornis (de)	nārāhati-ye me'de	ناراحتی معده
voedselvergiftiging (de)	masmumiyat	مسمومیت
voedselvergiftiging oplopen	masmum šodan	مسموم شدن
artritis (de)	varam-e mafāsel	ورم مفاصل
rachitis (de)	rāšitism	راشیتیسم
reuma (het)	romātism	روماتیسم
arteriosclerose (de)	tasallob-e šarāin	تصلب شرائین
gastritis (de)	varam-e me'de	ورم معده
blindedarmontsteking (de)	āpāndisit	آپاندیسیت

galblaasontsteking (de)	eltehāb-e kise-ye safrā	التهاب کیسه صفرا
zweer (de)	zaxm	زخم
mazelen (mv.)	sorxak	سرخک
rodehond (de)	sorxje	سرخجه
geelzucht (de)	yaraqān	یرقان
leverontsteking (de)	hepātit	هپاتیت
schizofrenie (de)	šizoferni	شیزوفرنی
dolheid (de)	hāri	هاری
neurose (de)	extelāl-e a'sāb	اختلال اعصاب
hersenschudding (de)	zarbe-ye maqzi	ضربه مغزی
kanker (de)	saratān	سرطان
sclerose (de)	eskeleroz	اسکلروز
multiple sclerose (de)	eskeleroz čandgāne	اسکلروز چندگانه
alcoholisme (het)	alkolism	الکلیسم
alcoholicus (de)	alkoli	الکلی
syfilis (de)	siflis	سیفلیس
AIDS (de)	eydz	ایدز
tumor (de)	tumor	تومور
kwaadaardig (bn)	bad xim	بد خیم
goedaardig (bn)	xoš xim	خوش خیم
koorts (de)	tab	تب
malaria (de)	mālāriyā	مالاریا
gangreen (het)	qānqāriyā	قانقاریا
zeeziekte (de)	daryā-zadegi	دریازدگی
epilepsie (de)	sar'	صرع
epidemie (de)	epidemi	اپیدمی
tyfus (de)	hasbe	حصبه
tuberculose (de)	sel	سل
cholera (de)	vabā	وبا
pest (de)	tā'un	طاعون

48. Symptomen. Behandelingen. Deel 1

symptoom (het)	alāem-e bimāri	علائم بیماری
temperatuur (de)	damā	دما
verhoogde temperatuur (de)	tab	تب
polsslag (de)	nabz	نبض
duizeling (de)	sargije	سرگیجه
heet (erg warm)	dāq	داغ
koude rillingen (mv.)	ra'še	رعشه
bleek (bn)	rang paride	رنگ پریده
hoest (de)	sorfe	سرفه
hoesten (ww)	sorfe kardan	سرفه کردن
niezen (ww)	atse kardan	عطسه کردن
flauwte (de)	qaš	غش

flauwvallen (ww)	qaš kardan	غش کردن
blauwe plek (de)	kabudi	کبودی
buil (de)	barāmadegi	برآمدگی
zich stoten (ww)	barxord kardan	برخورد کردن
kneuzing (de)	kuftegi	کوفتگی
kneuzen (gekneusd zijn)	zarb didan	ضرب دیدن
hinken (ww)	langidan	لنگیدن
verstuiking (de)	dar raftegi	دررفتگی
verstuiken (enkel, enz.)	dar raftan	دررفتن
breuk (de)	šekastegi	شکستگی
een breuk oplopen	dočār-e šekastegi šodan	دچار شکستگی شدن
snijwond (de)	boridegi	بریدگی
zich snijden (ww)	boridan	بریدن
bloeding (de)	xunrizi	خونریزی
brandwond (de)	suxtegi	سوختگی
zich branden (ww)	dočār-e suxtegi šodan	دچار سوختگی شدن
prikken (ww)	surāx kardan	سوراخ کردن
zich prikken (ww)	surāx kardan	سوراخ کردن
blesseren (ww)	āsib resāndan	آسیب رساندن
blessure (letsel)	zaxm	زخم
wond (de)	zaxm	زخم
trauma (het)	zarbe	ضربه
IJlen (ww)	hazyān goftan	هذیان گفتن
stotteren (ww)	loknat dāštan	لکنت داشتن
zonnesteek (de)	āftāb-zadegi	آفتابزدگی

49. Symptomen. Behandelingen. Deel 2

pijn (de)	dard	درد
splinter (de)	xār	خار
zweet (het)	araq	عرق
zweten (ww)	araq kardan	عرق کردن
braking (de)	estefrāq	استفراغ
stuiptrekkingen (mv.)	tašannoj	تشنج
zwanger (bn)	bārdār	باردار
geboren worden (ww)	motevalled šodan	متولد شدن
geboorte (de)	vaz'-e haml	وضع حمل
baren (ww)	be donyā āvardan	به دنیا آوردن
abortus (de)	seqt-e janin	سقط جنین
ademhaling (de)	tanaffos	تنفس
inademing (de)	estenšāq	استنشاق
uitademing (de)	bāzdam	بازدم
uitademen (ww)	bāzdamidan	بازدمیدن
inademen (ww)	nafas kešidan	نفس کشیدن
invalide (de)	ma'lul	معلول
gehandicapte (de)	falaj	فلج

drugsverslaafde (de)	mo'tād	معتاد
doof (bn)	kar	کر
stom (bn)	lāl	لال
doofstom (bn)	kar-o lāl	کر و لال
krankzinnig (bn)	divāne	دیوانه
krankzinnige (man)	divāne	دیوانه
krankzinnige (vrouw)	divāne	دیوانه
krankzinnig worden	divāne šodan	دیوانه شدن
gen (het)	žen	ژن
immuniteit (de)	masuniyat	مصونیت
erfelijk (bn)	mowrusi	موروثی
aangeboren (bn)	mādarzād	مادرزاد
virus (het)	virus	ویروس
microbe (de)	mikrob	میکروب
bacterie (de)	bākteri	باکتری
infectie (de)	ofunat	عفونت

50. Symptomen. Behandelingen. Deel 3

ziekenhuis (het)	bimārestān	بیمارستان
patiënt (de)	bimār	بیمار
diagnose (de)	tašxis	تشخیص
genezing (de)	mo'āleje	معالجه
medische behandeling (de)	darmān	درمان
onder behandeling zijn	darmān šodan	درمان شدن
behandelen (ww)	mo'āleje kardan	معالجه کردن
zorgen (zieken ~)	parastāri kardan	پرستاری کردن
ziekenzorg (de)	parastāri	پرستاری
operatie (de)	amal-e jarrāhi	عمل جراحی
verbinden (een arm ~)	pānsemān kardan	پانسمان کردن
verband (het)	pānsemān	پانسمان
vaccin (het)	vāksināsyon	واکسیناسیون
inenten (vaccineren)	vāksine kardan	واکسینه کردن
injectie (de)	tazriq	تزریق
een injectie geven	tazriq kardan	تزریق کردن
aanval (de)	hamle	حمله
amputatie (de)	qat'-e ozv	قطع عضو
amputeren (ww)	qat' kardan	قطع کردن
coma (het)	komā	کما
in coma liggen	dar komā budan	در کما بودن
intensieve zorg, ICU (de)	morāqebat-e viže	مراقبت ویژه
zich herstellen (ww)	behbud yāftan	بهبود یافتن
toestand (de)	hālat	حالت
bewustzijn (het)	huš	هوش
geheugen (het)	hāfeze	حافظه
trekken (een kies ~)	dandān kešidan	دندان کشیدن

vulling (de)	por kardan	پر کردن
vullen (ww)	por kardan	پر کردن
hypnose (de)	hipnotizm	هیپنوتیزم
hypnotiseren (ww)	hipnotizm kardan	هیپنوتیزم کردن

51. Artsen

dokter, arts (de)	pezešk	پزشک
ziekenzuster (de)	parastār	پرستار
lijfarts (de)	pezešk-e šaxsi	پزشک شخصی
tandarts (de)	dandān pezešk	دندان پزشک
oogarts (de)	češm-pezešk	چشم پزشک
therapeut (de)	pezešk omumi	پزشک عمومی
chirurg (de)	jarrāh	جراح
psychiater (de)	ravānpezešk	روانپزشک
pediater (de)	pezešk-e kudakān	پزشک کودکان
psycholoog (de)	ravānšenās	روانشناس
gynaecoloog (de)	motexasses-e zanān	متخصص زنان
cardioloog (de)	motexasses-e qalb	متخصص قلب

52. Geneeskunde. Medicijnen. Accessoires

geneesmiddel (het)	dāru	دارو
middel (het)	darmān	درمان
voorschrijven (ww)	tajviz kardan	تجویز کردن
recept (het)	nosxe	نسخه
tablet (de/het)	qors	قرص
zalf (de)	pomād	پماد
ampul (de)	āmpul	آمپول
drank (de)	šarbat	شربت
siroop (de)	šarbat	شربت
pil (de)	kapsul	کپسول
poeder (de/het)	pudr	پودر
verband (het)	bānd	باند
watten (mv.)	panbe	پنبه
jodium (het)	yod	ید
pleister (de)	časb-e zaxm	چسب زخم
pipet (de)	qatre čekān	قطره چکان
thermometer (de)	damāsanj	دماسنج
spuit (de)	sorang	سرنگ
rolstoel (de)	vilčer	ویلچر
krukken (mv.)	čub zir baqal	چوب زیر بغل
pijnstiller (de)	mosaken	مسکن
laxeermiddel (het)	moshel	مسهل

spiritus (de)	alkol	الکل
medicinale kruiden (mv.)	giyāhān-e dāruyi	گیاهان دارویی
kruiden- (abn)	giyāhi	گیاهی

HET MENSELIJKE LEEFGEBIED

Stad

53. Stad. Het leven in de stad

stad (de)	šahr	شهر
hoofdstad (de)	pāytaxt	پایتخت
dorp (het)	rustā	روستا
plattegrond (de)	naqše-ye šahr	نقشهٔ شهر
centrum (ov. een stad)	markaz-e šahr	مرکز شهر
voorstad (de)	hume-ye šahr	حومهٔ شهر
voorstads- (abn)	hume-ye šahr	حومهٔ شهر
randgemeente (de)	hume	حومه
omgeving (de)	hume	حومه
blok (huizenblok)	mahalle	محله
woonwijk (de)	mahalle-ye maskuni	محلهٔ مسکونی
verkeer (het)	obur-o morur	عبور و مرور
verkeerslicht (het)	čerāq-e rāhnamā	چراغ راهنما
openbaar vervoer (het)	haml-o naql-e šahri	حمل و نقل شهری
kruispunt (het)	čahārrāh	چهارراه
zebrapad (oversteekplaats)	xatt-e āber-e piyāde	خط عابرپیاده
onderdoorgang (de)	zir-e gozar	زیر گذر
oversteken (de straat ~)	obur kardan	عبور کردن
voetganger (de)	piyāde	پیاده
trottoir (het)	piyāde row	پیاده رو
brug (de)	pol	پل
dijk (de)	xiyābān-e sāheli	خیابان ساحلی
fontein (de)	češme	چشمه
allee (de)	bāq rāh	باغ راه
park (het)	pārk	پارک
boulevard (de)	bolvār	بولوار
plein (het)	meydān	میدان
laan (de)	xiyābān	خیابان
straat (de)	xiyābān	خیابان
zijstraat (de)	kuče	کوچه
doodlopende straat (de)	bon bast	بن بست
huis (het)	xāne	خانه
gebouw (het)	sāxtemān	ساختمان
wolkenkrabber (de)	āsemānxarāš	آسمانخراش
gevel (de)	namā	نما
dak (het)	bām	بام

venster (het)	panjere	پنجره
boog (de)	tāq-e qowsi	طاق قوسی
pilaar (de)	sotun	ستون
hoek (ov. een gebouw)	nabš	نبش
vitrine (de)	vitrin	ویترین
gevelreclame (de)	tāblo	تابلو
affiche (de/het)	poster	پوستر
reclameposter (de)	poster-e tabliqāti	پوستر تبلیغاتی
aanplakbord (het)	bilbord	بیلبورد
vuilnis (de/het)	āšqāl	آشغال
vuilnisbak (de)	satl-e āšqāl	سطل آشغال
afval weggooien (ww)	kasif kardan	کثیف کردن
stortplaats (de)	jā-ye dafn-e āšqāl	جای دفن آشغال
telefooncel (de)	kābin-e telefon	کابین تلفن
straatlicht (het)	tir-e barq	تیر برق
bank (de)	nimkat	نیمکت
politieagent (de)	polis	پلیس
politie (de)	polis	پلیس
zwerver (de)	gedā	گدا
dakloze (de)	bi xānomān	بی خانمان

54. Stedelijke instellingen

winkel (de)	maqāze	مغازه
apotheek (de)	dāruxāne	داروخانه
optiek (de)	eynak foruši	عینک فروشی
winkelcentrum (het)	markaz-e tejāri	مرکز تجاری
supermarkt (de)	supermārket	سوپرمارکت
bakkerij (de)	nānvāyi	نانوایی
bakker (de)	nānvā	نانوا
banketbakkerij (de)	qannādi	قنادی
kruidenier (de)	baqqāli	بقالی
slagerij (de)	gušt foruši	گوشت فروشی
groentewinkel (de)	sabzi foruši	سبزی فروشی
markt (de)	bāzār	بازار
koffiehuis (het)	kāfe	کافه
restaurant (het)	resturān	رستوران
bar (de)	bār	بار
pizzeria (de)	pitzā-foruši	پیتزا فروشی
kapperssalon (de/het)	ārāyešgāh	آرایشگاه
postkantoor (het)	post	پست
stomerij (de)	xošk-šuyi	خشکشویی
fotostudio (de)	ātolye-ye akkāsi	آتلیهٔ عکاسی
schoenwinkel (de)	kafš foruši	کفش فروشی
boekhandel (de)	ketāb-foruši	کتاب فروشی

sportwinkel (de)	maqāze-ye varzeši	مغازهٔ ورزشی
kledingreparatie (de)	ta'mir-e lebās	تعمیر لباس
kledingverhuur (de)	kerāye-ye lebās	کرایهٔ لباس
videotheek (de)	kerāye-ye film	کرایهٔ فیلم
circus (de/het)	sirak	سیرک
dierentuin (de)	bāq-e vahš	باغ وحش
bioscoop (de)	sinamā	سینما
museum (het)	muze	موزه
bibliotheek (de)	ketābxāne	کتابخانه
theater (het)	teātr	تئاتر
opera (de)	operā	اپرا
nachtclub (de)	kābāre	کاباره
casino (het)	kāzino	کازینو
moskee (de)	masjed	مسجد
synagoge (de)	kenešt	کنشت
kathedraal (de)	kelisā-ye jāme'	کلیسای جامع
tempel (de)	ma'bad	معبد
kerk (de)	kelisā	کلیسا
instituut (het)	anistito	انستیتو
universiteit (de)	dānešgāh	دانشگاه
school (de)	madrese	مدرسه
gemeentehuis (het)	ostāndāri	استانداری
stadhuis (het)	šahrdāri	شهرداری
hotel (het)	hotel	هتل
bank (de)	bānk	بانک
ambassade (de)	sefārat	سفارت
reisbureau (het)	āžāns-e jahāngardi	آژانس جهانگردی
informatieloket (het)	daftar-e ettelāāt	دفتر اطلاعات
wisselkantoor (het)	sarrāfi	صرافی
metro (de)	metro	مترو
ziekenhuis (het)	bimārestān	بیمارستان
benzinestation (het)	pomp-e benzin	پمپ بنزین
parking (de)	pārking	پارکینگ

55. Borden

gevelreclame (de)	tāblo	تابلو
opschrift (het)	nevešte	نوشته
poster (de)	poster	پوستر
wegwijzer (de)	rāhnamā	راهنما
pijl (de)	alāmat	علامت
waarschuwing (verwittiging)	ehtiyāt	احتیاط
waarschuwingsbord (het)	alāmat-e hošdār	علامت هشدار
waarschuwen (ww)	hošdār dādan	هشدار دادن
vrije dag (de)	ruz-e ta'til	روز تعطیل

dienstregeling (de)	jadval	جدول
openingsuren (mv.)	sā'athā-ye kāri	ساعت های کاری
WELKOM!	xoš āmadid	خوش آمدید
INGANG	vorud	ورود
UITGANG	xoruj	خروج
DUWEN	hel dādan	هل دادن
TREKKEN	bekešid	بکشید
OPEN	bāz	باز
GESLOTEN	baste	بسته
DAMES	zanāne	زنانه
HEREN	mardāne	مردانه
KORTING	taxfif	تخفیف
UITVERKOOP	harāj	حراج
NIEUW!	jadid	جدید
GRATIS	majjāni	مجانی
PAS OP!	tavajjoh	توجه
VOLGEBOEKT	otāq-e xāli nadārim	اتاق خالی نداریم
GERESERVEERD	rezerv šode	رزرو شده
ADMINISTRATIE	edāre	اداره
ALLEEN VOOR PERSONEEL	xāse personel	خاص پرسنل
GEVAARLIJKE HOND	movāzeb-e sag bāšid	مواظب سگ باشید
VERBODEN TE ROKEN!	sigār kešidan mamnu'	سیگار کشیدن ممنوع
NIET AANRAKEN!	dast nazanid	دست نزنید
GEVAARLIJK	xatarnāk	خطرناک
GEVAAR	xatar	خطر
HOOGSPANNING	voltāj bālā	ولتاژ بالا
VERBODEN TE ZWEMMEN	šenā mamnu'	شنا ممنوع
BUITEN GEBRUIK	xārāb	خراب
ONTVLAMBAAR	qābel-e ehterāq	قابل احتراق
VERBODEN	mamnu'	ممنوع
DOORGANG VERBODEN	obur mamnu'	عبور ممنوع
OPGELET PAS GEVERFD	rang-e xis	رنگ خیس

56. Stedelijk vervoer

bus, autobus (de)	otobus	اتوبوس
tram (de)	terāmvā	تراموا
trolleybus (de)	otobus-e barqi	اتوبوس برقی
route (de)	xat	خط
nummer (busnummer, enz.)	šomāre	شماره
rijden met ...	raftan bā	رفتن با
stappen (in de bus ~)	savār šodan	سوار شدن
afstappen (ww)	piyāde šodan	پیاده شدن

halte (de)	istgāh-e otobus	ایستگاه اتوبوس
volgende halte (de)	istgāh-e ba'di	ایستگاه بعدی
eindpunt (het)	istgāh-e āxar	ایستگاه آخر
dienstregeling (de)	barnāme	برنامه
wachten (ww)	montazer budan	منتظر بودن
kaartje (het)	belit	بلیط
reiskosten (de)	qeymat-e belit	قیمت بلیط
kassier (de)	sanduqdār	صندوقدار
kaartcontrole (de)	kontorol-e belit	کنترل بلیط
controleur (de)	kontorol či	کنترل چی
te laat zijn (ww)	ta'xir dāštan	تأخیرداشتن
missen (de bus ~)	az dast dādan	از دست دادن
zich haasten (ww)	ajale kardan	عجله کردن
taxi (de)	tāksi	تاکسی
taxichauffeur (de)	rānande-ye tāksi	راننده تاکسی
met de taxi (bw)	bā tāksi	با تاکسی
taxistandplaats (de)	istgāh-e tāksi	ایستگاه تاکسی
een taxi bestellen	tāksi gereftan	تاکسی گرفتن
een taxi nemen	tāksi gereftan	تاکسی گرفتن
verkeer (het)	obur-o morur	عبور و مرور
file (de)	terāfik	ترافیک
spitsuur (het)	sā'at-e šoluqi	ساعت شلوغی
parkeren (on.ww.)	pārk kardan	پارک کردن
parkeren (ov.ww.)	pārk kardan	پارک کردن
parking (de)	pārking	پارکینگ
metro (de)	metro	مترو
halte (bijv. kleine treinhalte)	istgāh	ایستگاه
de metro nemen	bā metro raftan	با مترو رفتن
trein (de)	qatār	قطار
station (treinstation)	istgāh-e rāh-e āhan	ایستگاه راه آهن

57. Bezienswaardigheden

monument (het)	mojassame	مجسمه
vesting (de)	qal'e	قلعه
paleis (het)	kāx	کاخ
kasteel (het)	qal'e	قلعه
toren (de)	borj	برج
mausoleum (het)	ārāmgāh	آرامگاه
architectuur (de)	me'māri	معماری
middeleeuws (bn)	qorun-e vasati	قرون وسطی
oud (bn)	qadimi	قدیمی
nationaal (bn)	melli	ملی
bekend (bn)	mašhur	مشهور
toerist (de)	turist	توریست
gids (de)	rāhnamā-ye tur	راهنمای تور

rondleiding (de)	gardeš	گردش
tonen (ww)	nešān dādan	نشان دادن
vertellen (ww)	hekāyat kardan	حکایت کردن
vinden (ww)	peydā kardan	پیدا کردن
verdwalen (de weg kwijt zijn)	gom šodan	گم شدن
plattegrond (~ van de metro)	naqše	نقشه
plattegrond (~ van de stad)	naqše	نقشه
souvenir (het)	sowqāti	سوغاتی
souvenirwinkel (de)	forušgāh-e sowqāti	فروشگاه سوغاتی
foto's maken	aks gereftan	عکس گرفتن
zich laten fotograferen	aks gereftan	عکس گرفتن

58. Winkelen

kopen (ww)	xarid kardan	خرید کردن
aankoop (de)	xarid	خرید
winkelen (ww)	xarid kardan	خرید کردن
winkelen (het)	xarid	خرید
open zijn (ov. een winkel, enz.)	bāz budan	باز بودن
gesloten zijn (ww)	baste budan	بسته بودن
schoeisel (het)	kafš	کفش
kleren (mv.)	lebās	لباس
cosmetica (mv.)	lavāzem-e ārāyeši	لوازم آرایشی
voedingswaren (mv.)	mavādd-e qazāyi	مواد غذایی
geschenk (het)	hedye	هدیه
verkoper (de)	forušande	فروشنده
verkoopster (de)	forušande-ye zan	فروشنده زن
kassa (de)	sanduq	صندوق
spiegel (de)	āyene	آینه
toonbank (de)	pišxān	پیشخوان
paskamer (de)	otāq porov	اتاق پرو
aanpassen (ww)	emtehān kardan	امتحان کردن
passen (ov. kleren)	monāseb budan	مناسب بودن
bevallen (prettig vinden)	dust dāštan	دوست داشتن
prijs (de)	qeymat	قیمت
prijskaartje (het)	barčasb-e qeymat	برچسب قیمت
kosten (ww)	qeymat dāštan	قیمت داشتن
Hoeveel?	čeqadr?	چقدر؟
korting (de)	taxfif	تخفیف
niet duur (bn)	arzān	ارزان
goedkoop (bn)	arzān	ارزان
duur (bn)	gerān	گران
Dat is duur.	gerān ast	گران است
verhuur (de)	kerāye	کرایه

huren (smoking, enz.)	kerāye kardan	کرایه کردن
krediet (het)	vām	وام
op krediet (bw)	xarid-e e'tebāri	خرید اعتباری

59. Geld

geld (het)	pul	پول
ruil (de)	tabdil-e arz	تبدیل ارز
koers (de)	nerx-e arz	نرخ ارز
geldautomaat (de)	xodpardāz	خودپرداز
muntstuk (de)	sekke	سکه
dollar (de)	dolār	دلار
euro (de)	yuro	یورو
lire (de)	lire	لیره
Duitse mark (de)	mārk	مارک
frank (de)	farānak	فرانک
pond sterling (het)	pond-e esterling	پوند استرلینگ
yen (de)	yen	ین
schuld (geldbedrag)	qarz	قرض
schuldenaar (de)	bedehkār	بدهکار
uitlenen (ww)	qarz dādan	قرض دادن
lenen (geld ~)	qarz gereftan	قرض گرفتن
bank (de)	bānk	بانک
bankrekening (de)	hesāb-e bānki	حساب بانکی
storten (ww)	rixtan	ریختن
op rekening storten	be hesāb rixtan	به حساب ریختن
opnemen (ww)	az hesāb bardāštan	از حساب برداشتن
kredietkaart (de)	kārt-e e'tebāri	کارت اعتباری
baar geld (het)	pul-e naqd	پول نقد
cheque (de)	ček	چک
een cheque uitschrijven	ček neveštan	چک نوشتن
chequeboekje (het)	daste-ye ček	دسته چک
portefeuille (de)	kif-e pul	کیف پول
geldbeugel (de)	kif-e pul	کیف پول
safe (de)	gāvsanduq	گاوصندوق
erfgenaam (de)	vāres	وارث
erfenis (de)	mirās	میراث
fortuin (het)	dārāyi	دارایی
huur (de)	ejāre	اجاره
huurprijs (de)	kerāye-ye xāne	کرایه خانه
huren (huis, kamer)	ejāre kardan	اجاره کردن
prijs (de)	qeymat	قیمت
kostprijs (de)	arzeš	ارزش
som (de)	jam'-e kol	جمع کل
uitgeven (geld besteden)	xarj kardan	خرج کردن

kosten (mv.)	maxārej	مخارج
bezuinigen (ww)	sarfeju-yi kardan	صرفه جویی کردن
zuinig (bn)	maqrun besarfe	مقرون به صرفه
betalen (ww)	pardāxtan	پرداختن
betaling (de)	pardāxt	پرداخت
wisselgeld (het)	pul-e xerad	پول خرد
belasting (de)	māliyāt	مالیات
boete (de)	jarime	جریمه
beboeten (bekeuren)	jarime kardan	جریمه کردن

60. Post. Postkantoor

postkantoor (het)	post	پست
post (de)	post	پست
postbode (de)	nāme resān	نامه رسان
openingsuren (mv.)	sā'athā-ye kāri	ساعت های کاری
brief (de)	nāme	نامه
aangetekende brief (de)	nāme-ye sefāreši	نامه سفارشی
briefkaart (de)	kārt-e postāl	کارت پستال
telegram (het)	telegrām	تلگرام
postpakket (het)	baste posti	بسته پستی
overschrijving (de)	havāle	حواله
ontvangen (ww)	gereftan	گرفتن
sturen (zenden)	ferestādan	فرستادن
verzending (de)	ersāl	ارسال
adres (het)	nešāni	نشانی
postcode (de)	kod-e posti	کد پستی
verzender (de)	ferestande	فرستنده
ontvanger (de)	girande	گیرنده
naam (de)	esm	اسم
achternaam (de)	nām-e xānevādegi	نام خانوادگی
tarief (het)	ta'refe	تعرفه
standaard (bn)	ādi	عادی
zuinig (bn)	ādi	عادی
gewicht (het)	vazn	وزن
afwegen (op de weegschaal)	vazn kardan	وزن کردن
envelop (de)	pākat	پاکت
postzegel (de)	tambr	تمبر
een postzegel plakken op	tamr zadan	تمبر زدن

Woning. Huis. Thuis

61. Huis. Elektriciteit

elektriciteit (de)	barq	برق
lamp (de)	lāmp	لامپ
schakelaar (de)	kelid	کلید
zekering (de)	fiyuz	فیوز
draad (de)	sim	سیم
bedrading (de)	sim keši	سیم کشی
elektriciteitsmeter (de)	kontor	کنتور
gegevens (mv.)	dastgāh-e xaneš	دستگاه خوانش

62. Villa. Herenhuis

landhuisje (het)	xāne-ye xārej-e šahr	خانهٔ خارج شهر
villa (de)	vilā	ویلا
vleugel (de)	bāl	بال
tuin (de)	bāq	باغ
park (het)	pārk	پارک
oranjerie (de)	golxāne	گلخانه
onderhouden (tuin, enz.)	negahdāri kardan	نگهداری کردن
zwembad (het)	estaxr	استخر
gym (het)	sālon-e varzeš	سالن ورزش
tennisveld (het)	zamin-e tenis	زمین تنیس
bioscoopkamer (de)	sinamā	سینما
garage (de)	gārāž	گاراژ
privé-eigendom (het)	melk-e xosusi	ملک خصوصی
eigen terrein (het)	melk-e xosusi	ملک خصوصی
waarschuwing (de)	hošdār	هشدار
waarschuwingsbord (het)	alāmat-e hošdār	علامت هشدار
bewaking (de)	hefāzat	حفاظت
bewaker (de)	negahbān	نگهبان
inbraakalarm (het)	dozdgir	دزدگیر

63. Appartement

appartement (het)	āpārtemān	آپارتمان
kamer (de)	otāq	اتاق
slaapkamer (de)	otāq-e xāb	اتاق خواب

eetkamer (de)	otāq-e qazāxori	اتاق غذاخوری
salon (de)	mehmānxāne	مهمانخانه
studeerkamer (de)	daftar	دفتر
gang (de)	tālār-e vorudi	تالار ورودی
badkamer (de)	hammām	حمام
toilet (het)	tuālet	توالت
plafond (het)	saqf	سقف
vloer (de)	kaf	کف
hoek (de)	guše	گوشه

64. Meubels. Interieur

meubels (mv.)	mobl	مبل
tafel (de)	miz	میز
stoel (de)	sandali	صندلی
bed (het)	taxt-e xāb	تخت خواب
bankstel (het)	kānāpe	کاناپه
fauteuil (de)	mobl-e rāhati	مبل راحتی
boekenkast (de)	qafase-ye ketāb	قفسه کتاب
boekenrek (het)	qafase	قفسه
kledingkast (de)	komod	کمد
kapstok (de)	raxt āviz	رخت آویز
staande kapstok (de)	čub lebāsi	چوب لباسی
commode (de)	komod	کمد
salontafeltje (het)	miz-e pišdasti	میز پیشدستی
spiegel (de)	āyene	آینه
tapijt (het)	farš	فرش
tapijtje (het)	qāliče	قالیچه
haard (de)	šumine	شومینه
kaars (de)	šam'	شمع
kandelaar (de)	šam'dān	شمعدان
gordijnen (mv.)	parde	پرده
behang (het)	kāqaz-e divāri	کاغذ دیواری
jaloezie (de)	kerkere	کرکره
bureaulamp (de)	čerāq-e rumizi	چراغ رومیزی
wandlamp (de)	čerāq-e divāri	چراغ دیواری
staande lamp (de)	ābāžur	آباژور
luchter (de)	luster	لوستر
poot (ov. een tafel, enz.)	pāye	پایه
armleuning (de)	daste-ye sandali	دستۀ صندلی
rugleuning (de)	pošti	پشتی
la (de)	kešow	کشو

65. Beddengoed

beddengoed (het)	raxt-e xāb	رخت خواب
kussen (het)	bālešt	بالشت
kussenovertrek (de)	rubalešt	روبالشت
deken (de)	patu	پتو
laken (het)	malāfe	ملافه
sprei (de)	rutaxti	روتختی

66. Keuken

keuken (de)	āšpazxāne	آشپزخانه
gas (het)	gāz	گاز
gasfornuis (het)	ojāgh-e gāz	اجاق گاز
elektrisch fornuis (het)	ojāgh-e barghi	اجاق برقی
oven (de)	fer	فر
magnetronoven (de)	māykrofer	مایکروفر
koelkast (de)	yaxčāl	یخچال
diepvriezer (de)	fereyzer	فریزر
vaatwasmachine (de)	māšin-e zarfšuyi	ماشین ظرفشویی
vleesmolen (de)	čarx-e gušt	چرخ گوشت
vruchtenpers (de)	ābmive giri	آبمیوه گیری
toaster (de)	towster	توستر
mixer (de)	maxlut kon	مخلوط کن
koffiemachine (de)	qahve sāz	قهوه ساز
koffiepot (de)	qahve juš	قهوه جوش
koffiemolen (de)	āsiyāb-e qahve	آسیاب قهوه
fluitketel (de)	ketri	کتری
theepot (de)	quri	قوری
deksel (de/het)	sarpuš	سرپوش
theezeefje (het)	čāy sāf kon	چای صاف کن
lepel (de)	qāšoq	قاشق
theelepeltje (het)	qāšoq čāy xori	قاشق چای خوری
eetlepel (de)	qāšoq sup xori	قاشق سوپ خوری
vork (de)	čangāl	چنگال
mes (het)	kārd	کارد
vaatwerk (het)	zoruf	ظروف
bord (het)	bošqāb	بشقاب
schoteltje (het)	na'lbeki	نعلبکی
likeurglas (het)	gilās-e vodkā	گیلاس ودکا
glas (het)	estekān	استکان
kopje (het)	fenjān	فنجان
suikerpot (de)	qandān	قندان
zoutvat (het)	namakdān	نمکدان
pepervat (het)	felfeldān	فلفلدان

boterschaaltje (het)	zarf-e kare	ظرف کره
pan (de)	qāblame	قابلمه
bakpan (de)	tābe	تابه
pollepel (de)	malāqe	ملاقه
vergiet (de/het)	ābkeš	آبکش
dienblad (het)	sini	سینی
fles (de)	botri	بطری
glazen pot (de)	šiše	شیشه
blik (conserven~)	quti	قوطی
flesopener (de)	dar bāz kon	در بازکن
blikopener (de)	dar bāz kon	در بازکن
kurkentrekker (de)	dar bāz kon	در بازکن
filter (de/het)	filter	فیلتر
filteren (ww)	filter kardan	فیلتر کردن
huisvuil (het)	āšqāl	آشغال
vuilnisemmer (de)	satl-e zobāle	سطل زباله

67. Badkamer

badkamer (de)	hammām	حمام
water (het)	āb	آب
kraan (de)	šir	شیر
warm water (het)	āb-e dāq	آب داغ
koud water (het)	āb-e sard	آب سرد
tandpasta (de)	xamir-e dandān	خمیر دندان
tanden poetsen (ww)	mesvāk zadan	مسواک زدن
tandenborstel (de)	mesvāk	مسواک
zich scheren (ww)	riš tarāšidan	ریش تراشیدن
scheercrème (de)	xamir-e eslāh	خمیر اصلاح
scheermes (het)	tiq	تیغ
wassen (ww)	šostan	شستن
een bad nemen	hamām kardan	حمام کردن
douche (de)	duš	دوش
een douche nemen	duš gereftan	دوش گرفتن
bad (het)	vān hammām	وان حمام
toiletpot (de)	tuālet-e farangi	توالت فرنگی
wastafel (de)	sink	سینک
zeep (de)	sābun	صابون
zeepbakje (het)	jā sābun	جا صابون
spons (de)	abr	ابر
shampoo (de)	šāmpu	شامپو
handdoek (de)	howle	حوله
badjas (de)	howle-ye hamām	حوله حمام
was (bijv. handwas)	raxčuyi	لباسشویی
wasmachine (de)	māšin-e lebas-šui	ماشین لباسشویی

de was doen	šostan-e lebās	شستن لباس
waspoeder (de)	pudr-e lebas-šui	پودر لباسشویی

68. Huishoudelijke apparaten

televisie (de)	televiziyon	تلویزیون
cassettespeler (de)	zabt-e sowt	ضبط صوت
videorecorder (de)	video	ویدئو
radio (de)	rādiyo	رادیو
speler (de)	paxš konande	پخش کننده

videoprojector (de)	video porožektor	ویدئو پروژکتور
home theater systeem (het)	sinamā-ye xānegi	سینمای خانگی
DVD-speler (de)	paxš konande-ye di vi di	پخش کننده دی وی دی
versterker (de)	āmpli-fāyer	آمپلی فایر
spelconsole (de)	konsul-e bāzi	کنسول بازی

videocamera (de)	durbin-e filmbardāri	دوربین فیلمبرداری
fotocamera (de)	durbin-e akkāsi	دوربین عکاسی
digitale camera (de)	durbin-e dijitāl	دوربین دیجیتال

stofzuiger (de)	jāru barqi	جارو برقی
strijkijzer (het)	oto	اتو
strijkplank (de)	miz-e otu	میز اتو

telefoon (de)	telefon	تلفن
mobieltje (het)	telefon-e hamrāh	تلفن همراه
schrijfmachine (de)	māšin-e tahrir	ماشین تحریر
naaimachine (de)	čarx-e xayyāti	چرخ خیاطی

microfoon (de)	mikrofon	میکروفون
koptelefoon (de)	guši	گوشی
afstandsbediening (de)	kontorol az rāh-e dur	کنترل از راه دور

CD (de)	si-di	سیدی
cassette (de)	kāst	کاست
vinylplaat (de)	safhe-ye gerāmāfon	صفحه گرامافون

MENSELIJKE ACTIVITEITEN

Baan. Business. Deel 1

69. Kantoor. Op kantoor werken

kantoor (het)	daftar	دفتر
kamer (de)	daftar	دفتر
receptie (de)	pazir-aš	پذیرش
secretaris (de)	monši	منشی
secretaresse (de)	monši	منشی
directeur (de)	modir	مدیر
manager (de)	modir	مدیر
boekhouder (de)	hesābdār	حسابدار
werknemer (de)	kārmand	کارمند
meubilair (het)	mobl	مبل
tafel (de)	miz	میز
bureaustoel (de)	sandali dastedār	صندلی دسته دار
ladeblok (het)	kešow	کشو
kapstok (de)	čub lebāsi	چوب لباسی
computer (de)	kāmpiyuter	کامپیوتر
printer (de)	pirinter	پرینتر
fax (de)	faks	فکس
kopieerapparaat (het)	dastgāh-e kopi	دستگاه کپی
papier (het)	kāqaz	کاغذ
kantoorartikelen (mv.)	lavāzem-e tahrir	لوازم تحریر
muismat (de)	māows pad	ماوس پد
blad (het)	varaq	ورق
ordner (de)	puše	پوشه
catalogus (de)	kātālog	کاتالوگ
telefoongids (de)	rāhnamā	راهنما
documentatie (de)	asnād	اسناد
brochure (de)	borušur	بروشور
flyer (de)	borušur	بروشور
monster (het), staal (de)	nemune	نمونه
training (de)	āmuzeš	آموزش
vergadering (de)	jalase	جلسه
lunchpauze (de)	vaqt-e nāhār	وقت ناهار
een kopie maken	kopi gereftan	کپی گرفتن
de kopieën maken	kopi gereftan	کپی گرفتن
een fax ontvangen	faks gereftan	فکس گرفتن
een fax versturen	faks ferestādan	فکس فرستادن

opbellen (ww)	telefon zadan	تلفن زدن
antwoorden (ww)	javāb dādan	جواب دادن
doorverbinden (ww)	vasl šodan	وصل شدن
afspreken (ww)	sāzmān dādan	سازمان دادن
demonstreren (ww)	nemāyeš dādan	نمایش دادن
absent zijn (ww)	qāyeb budan	غایب بودن
afwezigheid (de)	qeybat	غیبت

70. Bedrijfsprocessen. Deel 1

zaak (de), beroep (het)	šoql	شغل
firma (de)	šerkat	شرکت
bedrijf (maatschap)	kompāni	کمپانی
corporatie (de)	šerkat-e sahāmi	شرکت سهامی
onderneming (de)	šerkat	شرکت
agentschap (het)	namāyandegi	نمایندگی
overeenkomst (de)	qarārdād	قرارداد
contract (het)	qarārdād	قرارداد
transactie (de)	moʿāmele	معامله
bestelling (de)	sefāreš	سفارش
voorwaarde (de)	šart	شرط
in het groot (bw)	omde furuši	عمده فروشی
groothandels- (abn)	omde	عمده
groothandel (de)	omde furuši	عمده فروشی
kleinhandels- (abn)	xorde-foruši	خرده فروشی
kleinhandel (de)	xorde-foruši	خرده فروشی
concurrent (de)	raqib	رقیب
concurrentie (de)	reqābat	رقابت
concurreren (ww)	reqābat kardan	رقابت کردن
partner (de)	šarik	شریک
partnerschap (het)	mošārek-at	مشارکت
crisis (de)	bohrān	بحران
bankroet (het)	varšekastegi	ورشکستگی
bankroet gaan (ww)	varšekast šodan	ورشکست شدن
moeilijkheid (de)	saxti	سختی
probleem (het)	moškel	مشکل
catastrofe (de)	fājeʿe	فاجعه
economie (de)	eqtesād	اقتصاد
economisch (bn)	eqtesādi	اقتصادی
economische recessie (de)	rokud-e eqtesādi	رکود اقتصادی
doel (het)	hadaf	هدف
taak (de)	hadaf	هدف
handelen (handel drijven)	tejārat kardan	تجارت کردن
netwerk (het)	šabake-ye towziʿ	شبکۀ توزیع
voorraad (de)	fehrest anbār	فهرست انبار

assortiment (het)	majmu'e	مجموعه
leider (de)	rahbar	رهبر
groot (bn)	bozorg	بزرگ
monopolie (het)	enhesār	انحصار
theorie (de)	nazariye	نظریه
praktijk (de)	amal	عمل
ervaring (de)	tajrobe	تجربه
tendentie (de)	gerāyeš	گرایش
ontwikkeling (de)	pišraft	پیشرفت

71. Bedrijfsprocessen. Deel 2

voordeel (het)	sud	سود
voordelig (bn)	sudāvar	سودآور
delegatie (de)	hey'at-e namāyandegān	هیئت نمایندگان
salaris (het)	hoquq	حقوق
corrigeren (fouten ~)	eslāh kardan	اصلاح کردن
zakenreis (de)	ma'muriyat	مأموریت
commissie (de)	komisiyon	کمیسیون
controleren (ww)	kontorol kardan	کنترل کردن
conferentie (de)	konferāns	کنفرانس
licentie (de)	parvāne	پروانه
betrouwbaar (partner, enz.)	motmaen	مطمئن
aanzet (de)	ebtekār	ابتکار
norm (bijv. ~ stellen)	me'yār	معیار
omstandigheid (de)	vaz'iyat	وضعیت
taak, plicht (de)	vazife	وظیفه
organisatie (bedrijf, zaak)	šerkat	شرکت
organisatie (proces)	sāzmāndehi	سازماندهی
georganiseerd (bn)	sāzmān yāfte	سازمان یافته
afzegging (de)	laqv	لغو
afzeggen (ww)	laqv kardan	لغو کردن
verslag (het)	gozāreš	گزارش
patent (het)	govāhi-ye sabt-e exterā'	گواهی ثبت اختراع
patenteren (ww)	govāhi exterā' gereftan	گواهی اختراع گرفتن
plannen (ww)	barnāmerizi kardan	برنامه ریزی کردن
premie (de)	pādāš	پاداش
professioneel (bn)	herfe i	حرفه ای
procedure (de)	tašrifāt	تشریفات
onderzoeken (contract, enz.)	barresi kardan	بررسی کردن
berekening (de)	mohāsebe	محاسبه
reputatie (de)	e'tebār	اعتبار
risico (het)	risk	ریسک
beheren (managen)	edāre kardan	اداره کردن
informatie (de)	ettelā'āt	اطلاعات

eigendom (bezit)	dārāyi	دارایی
unie (de)	ettehādiye	اتحادیه
levensverzekering (de)	bime-ye omr	بیمهٔ عمر
verzekeren (ww)	bime kardan	بیمه کردن
verzekering (de)	bime	بیمه
veiling (de)	harāj	حراج
verwittigen (ww)	xabar dādan	خبر دادن
beheer (het)	edāre	اداره
dienst (de)	xedmat	خدمت
forum (het)	ham andiši	هم اندیشی
functioneren (ww)	amal kardan	عمل کردن
stap, etappe (de)	marhale	مرحله
juridisch (bn)	hoquqi	حقوقی
jurist (de)	hoquq dān	حقوق دان

72. Productie. Werken

industriële installatie (fabriek)	kārxāne	کارخانه
fabriek (de)	kārxāne	کارخانه
werkplaatsruimte (de)	kārgāh	کارگاه
productielocatie (de)	towlidi	تولیدی
industrie (de)	san'at	صنعت
industrieel (bn)	san'ati	صنعتی
zware industrie (de)	sanāye-'e sangin	صنایع سنگین
lichte industrie (de)	sanāye-'e sabok	صنایع سبک
productie (de)	towlidāt	تولیدات
produceren (ww)	towlid kardan	تولید کردن
grondstof (de)	mavādd-e xām	مواد خام
voorman, ploegbaas (de)	sarkāregar	سرکارگر
ploeg (de)	daste-ye kāregaran	دسته کارگران
arbeider (de)	kārgar	کارگر
werkdag (de)	ruz-e kāri	روز کاری
pauze (de)	esterāhat	استراحت
samenkomst (de)	jalase	جلسه
bespreken (spreken over)	bahs kardan	بحث کردن
plan (het)	barnāme	برنامه
het plan uitvoeren	barnāme rā ejrā kardan	برنامه را اجرا کردن
productienorm (de)	nerx-e tolid	نرخ تولید
kwaliteit (de)	keyfiyat	کیفیت
controle (de)	kontorol	کنترل
kwaliteitscontrole (de)	kontorol-e keyfi	کنترل کیفی
arbeidsveiligheid (de)	amniyat-e kār	امنیت کار
discipline (de)	enzebāt	انضباط
overtreding (de)	naqz	نقض
overtreden (ww)	naqz kardan	نقض کردن

staking (de)	e'tesāb	اعتصاب
staker (de)	e'tesāb konande	اعتصاب کننده
staken (ww)	e'tesāb kardan	اعتصاب کردن
vakbond (de)	ettehādiye-ye kārgari	اتحادیهٔ کارگری
uitvinden (machine, enz.)	exterā' kardan	اختراع کردن
uitvinding (de)	exterā'	اختراع
onderzoek (het)	tahqiq	تحقیق
verbeteren (beter maken)	behtar kardan	بهتر کردن
technologie (de)	fanāvari	فناوری
technische tekening (de)	rasm-e fani	رسم فنی
vracht (de)	bār	بار
lader (de)	bārbar	باربر
laden (vrachtwagen)	bār kardan	بار کردن
laden (het)	bārgiri	بارگیری
lossen (ww)	bārgiri	بارگیری
lossen (het)	bārandāz-i	باراندازی
transport (het)	haml-o naql	حمل و نقل
transportbedrijf (de)	šerkat-e haml-o naql	شرکت حمل و نقل
transporteren (ww)	haml kardan	حمل کردن
goederenwagon (de)	vāgon-e bari	واگن باری
tank (bijv. ketelwagen)	maxzan	مخزن
vrachtwagen (de)	kāmiyon	کامیون
machine (de)	dastgāh	دستگاه
mechanisme (het)	mekānism	مکانیسم
industrieel afval (het)	zāye'āt-e san'ati	ضایعات صنعتی
verpakking (de)	baste band-i	بسته بندی
verpakken (ww)	baste bandi kardan	بسته بندی کردن

73. Contract. Overeenstemming

contract (het)	qarārdād	قرارداد
overeenkomst (de)	tavāfoq-e nāme	توافق نامه
bijlage (de)	zamime	ضمیمه
een contract sluiten	qarārdād bastan	قرارداد بستن
handtekening (de)	emzā'	امضاء
ondertekenen (ww)	emzā kardan	امضا کردن
stempel (de)	mehr	مهر
voorwerp (het) van de overeenkomst	mowzu-'e qarārdād	موضوع قرارداد
clausule (de)	mādde	ماده
partijen (mv.)	tarafeyn	طرفین
vestigingsadres (het)	ādres-e hoquqi	آدرس حقوقی
het contract verbreken (overtreden)	naqz kardan-e qarārdād	نقض کردن قرارداد
verplichting (de)	ta'ahhod	تعهد

verantwoordelijkheid (de)	mas'uliyat	مسئولیت
overmacht (de)	šarāyet-e ezterāri	شرایط اضطراری
geschil (het)	xalāf	خلاف
sancties (mv.)	eqdāmāt-e tanbihi	اقدامات تنبیهی

74. Import & Export

import (de)	vāredāt	واردات
importeur (de)	vāred konande	وارد کننده
importeren (ww)	vāred kardan	وارد کردن
import- (abn)	vāredāti	وارداتی
uitvoer (export)	sāderāt	صادرات
exporteur (de)	sāder konande	صادر کننده
exporteren (ww)	sāder kardan	صادر کردن
uitvoer- (bijv., ~goederen)	sāderāti	صادراتی
goederen (mv.)	kālā	کالا
partij (de)	mahmule	محموله
gewicht (het)	vazn	وزن
volume (het)	hajm	حجم
kubieke meter (de)	metr moka'ab	متر مکعب
producent (de)	towlid konande	تولید کننده
transportbedrijf (de)	šerkat-e haml-o naql	شرکت حمل و نقل
container (de)	kāntiner	کانتینر
grens (de)	marz	مرز
douane (de)	gomrok	گمرک
douanerecht (het)	avārez-e gomroki	عوارض گمرکی
douanier (de)	ma'mur-e gomrok	مأمور گمرک
smokkelen (het)	qāčāq	قاچاق
smokkelwaar (de)	ajnās-e qāčāq	اجناس قاچاق

75. Financiën

aandeel (het)	sahām	سهام
obligatie (de)	owrāq-e bahādār	اوراق بهادار
wissel (de)	safte	سفته
beurs (de)	burs	بورس
aandelenkoers (de)	nerx-e sahām	نرخ سهام
dalen (ww)	arzān šodan	ارزان شدن
stijgen (ww)	gerān šodan	گران شدن
meerderheidsbelang (het)	manāfe-'e kontoroli	منافع کنترلی
investeringen (mv.)	sarmāye gozāri	سرمایه گذاری
investeren (ww)	sarmāye gozāri kardan	سرمایه گذاری کردن
procent (het)	darsad	درصد
rente (de)	sud	سود

winst (de)	sud	سود
winstgevend (bn)	sudāvar	سودآور
belasting (de)	māliyāt	مالیات
valuta (vreemde ~)	arz	ارز
nationaal (bn)	melli	ملی
ruil (de)	tabādol	تبادل
boekhouder (de)	hesābdār	حسابدار
boekhouding (de)	hesābdāri	حسابداری
bankroet (het)	varšekastegi	ورشکستگی
ondergang (de)	šekast	شکست
faillissement (het)	varšekastegi	ورشکستگی
geruïneerd zijn (ww)	varšekast šodan	ورشکست شدن
inflatie (de)	tavarrom	تورم
devaluatie (de)	taqlil-e arzeš-e pul	تقلیل ارزش پول
kapitaal (het)	sarmāye	سرمایه
inkomen (het)	darāmad	درآمد
omzet (de)	gardeš mo'āmelāt	گردش معاملات
middelen (mv.)	manābe'	منابع
financiële middelen (mv.)	manābe-'e puli	منابع پولی
operationele kosten (mv.)	maxārej-e kolli	مخارج کلی
reduceren (kosten ~)	kam kardan	کم کردن

76. Marketing

marketing (de)	bāzāryābi	بازاریابی
markt (de)	bāzār	بازار
marktsegment (het)	baxše bāzār	بخش بازار
product (het)	mahsul	محصول
goederen (mv.)	kālā	کالا
merk (het)	barand	برند
handelsmerk (het)	nešān tejāri	نشان تجاری
beeldmerk (het)	logo	لوگو
logo (het)	logo	لوگو
vraag (de)	taqāzā	تقاضا
aanbod (het)	arze	عرضه
behoefte (de)	ehtiyāj	احتیاج
consument (de)	masraf-e konande	مصرف کننده
analyse (de)	tahlil	تحلیل
analyseren (ww)	tahlil kardan	تحلیل کردن
positionering (de)	mowze' giri	موضع گیری
positioneren (ww)	mowze' giri kardan	موضع گیری کردن
prijs (de)	qeymat	قیمت
prijspolitiek (de)	siyāsat-e qeymat-e gozār-i	سیاست قیمت گذاری
prijsvorming (de)	qeymat gozāri	قیمت گذاری

77. Reclame

reclame (de)	āgahi	آگهی
adverteren (ww)	tabliq kardan	تبلیغ کردن
budget (het)	budje	بودجه
advertentie, reclame (de)	āgahi	آگهی
TV-reclame (de)	tabliqāt-e televiziyoni	تبلیغات تلویزیونی
radioreclame (de)	tabliqāt-e rādiyoyi	تبلیغات رادیویی
buitenreclame (de)	āgahi-ye biruni	آگهی بیرونی
massamedia (de)	resāne-hay-e jam'i	رسانه های جمعی
periodiek (de)	našriye-ye dowrei	نشریۀ دوره ای
imago (het)	temsāl	تمثال
slagzin (de)	šo'ār	شعار
motto (het)	šo'ār	شعار
campagne (de)	kampeyn	کمپین
reclamecampagne (de)	kampeyn-e tabliqāti	کمپین تبلیغاتی
doelpubliek (het)	goruh-e hadaf	گروه هدف
visitekaartje (het)	kārt-e vizit	کارت ویزیت
flyer (de)	borušur	بروشور
brochure (de)	borušur	بروشور
folder (de)	ketābče	کتابچه
nieuwsbrief (de)	xabarnāme	خبرنامه
gevelreclame (de)	tāblo	تابلو
poster (de)	poster	پوستر
aanplakbord (het)	bilbord	بیلبورد

78. Bankieren

bank (de)	bānk	بانک
bankfiliaal (het)	šo'be	شعبه
bankbediende (de)	mošāver	مشاور
manager (de)	modir	مدیر
bankrekening (de)	hesāb-e bānki	حساب بانکی
rekeningnummer (het)	šomāre-ye hesāb	شمارۀ حساب
lopende rekening (de)	hesāb-e jāri	حساب جاری
spaarrekening (de)	hesāb-e pasandāz	حساب پس انداز
een rekening openen	hesāb-e bāz kardan	حساب باز کردن
de rekening sluiten	hesāb rā bastan	حساب را بستن
op rekening storten	be hesāb rixtan	به حساب ریختن
opnemen (ww)	az hesāb bardāštan	از حساب برداشتن
storting (de)	seporde	سپرده
een storting maken	seporde gozāštan	سپرده گذاشتن
overschrijving (de)	enteqāl	انتقال

een overschrijving maken	enteqāl dādan	انتقال دادن
som (de)	jam'-e kol	جمع کل
Hoeveel?	čeqadr?	چقدر؟
handtekening (de)	emzā'	امضاء
ondertekenen (ww)	emzā kardan	امضا کردن
kredietkaart (de)	kārt-e e'tebāri	کارت اعتباری
code (de)	kod	کد
kredietkaartnummer (het)	šomāre-ye kārt-e e'tebāri	شماره کارت اعتباری
geldautomaat (de)	xodpardāz	خودپرداز
cheque (de)	ček	چک
een cheque uitschrijven	ček neveštan	چک نوشتن
chequeboekje (het)	daste-ye ček	دسته چک
lening, krediet (de)	e'tebār	اعتبار
een lening aanvragen	darxāst-e vam kardan	درخواست وام کردن
een lening nemen	vām gereftan	وام گرفتن
een lening verlenen	vām dādan	وام دادن
garantie (de)	zemānat	ضمانت

79. Telefoon. Telefoongesprek

telefoon (de)	telefon	تلفن
mobieltje (het)	telefon-e hamrāh	تلفن همراه
antwoordapparaat (het)	monši-ye telefoni	منشی تلفنی
bellen (ww)	telefon zadan	تلفن زدن
belletje (telefoontje)	tamās-e telefoni	تماس تلفنی
een nummer draaien	šomāre gereftan	شماره گرفتن
Hallo!	alo!	الو!
vragen (ww)	porsidan	پرسیدن
antwoorden (ww)	javāb dādan	جواب دادن
horen (ww)	šenidan	شنیدن
goed (bw)	xub	خوب
slecht (bw)	bad	بد
storingen (mv.)	sedā	صدا
hoorn (de)	guši	گوشی
opnemen (ww)	guši rā bar dāštan	گوشی را برداشتن
ophangen (ww)	guši rā gozāštan	گوشی را گذاشتن
bezet (bn)	mašqul	مشغول
overgaan (ww)	zang zadan	زنگ زدن
telefoonboek (het)	daftar-e telefon	دفتر تلفن
lokaal (bn)	mahalli	محلی
lokaal gesprek (het)	telefon-e dāxeli	تلفن داخلی
interlokaal (bn)	beyn-e šahri	بین شهری
interlokaal gesprek (het)	telefon-e beyn-e šahri	تلفن بین شهری
buitenlands (bn)	beynolmelali	بین المللی
buitenlands gesprek (het)	telefon-e beynolmelali	تلفن بین المللی

80. Mobiele telefoon

mobieltje (het)	telefon-e hamrāh	تلفن همراه
scherm (het)	namāyešgar	نمایشگر
toets, knop (de)	dokme	دکمه
simkaart (de)	sim-e kārt	سیم کارت
batterij (de)	bātri	باطری
leeg zijn (ww)	tamām šodan bātri	تمام شدن باتری
acculader (de)	šāržer	شارژ
menu (het)	meno	منو
instellingen (mv.)	tanzimāt	تنظیمات
melodie (beltoon)	āhang	آهنگ
selecteren (ww)	entexāb kardan	انتخاب کردن
rekenmachine (de)	māšin-e hesāb	ماشین حساب
voicemail (de)	monši-ye telefoni	منشی تلفنی
wekker (de)	sā'at-e zang dār	ساعت زنگ دار
contacten (mv.)	daftar-e telefon	دفتر تلفن
SMS-bericht (het)	payāmak	پیامک
abonnee (de)	moštarek	مشترک

81. Schrijfbehoeften

balpen (de)	xodkār	خودکار
vulpen (de)	xodnevis	خودنویس
potlood (het)	medād	مداد
marker (de)	māžik	ماژیک
viltstift (de)	māžik	ماژیک
notitieboekje (het)	daftar-e yāddāšt	دفتر یادداشت
agenda (boekje)	daftar-e yāddāšt	دفتر یادداشت
liniaal (de/het)	xat keš	خط کش
rekenmachine (de)	māšin-e hesāb	ماشین حساب
gom (de)	pāk kon	پاک کن
punaise (de)	punez	پونز
paperclip (de)	gire	گیره
lijm (de)	časb	چسب
nietmachine (de)	mangane-ye zan	منگنه زن
perforator (de)	pānč	پانچ
potloodslijper (de)	madād-e tarāš	مداد تراش

82. Soorten bedrijven

boekhouddiensten (mv.)	xadamāt-e hesābdāri	خدمات حسابداری
reclame (de)	āgahi	آگهی

reclamebureau (het)	āžāns-e tabliqāti	آژانس تبلیغاتی
airconditioning (de)	tahviye-ye matbu'	تهویه مطبوع
luchtvaartmaatschappij (de)	šerkat-e havāpeymāyi	شرکت هواپیمایی
alcoholische dranken (mv.)	mašrubāt-e alkoli	مشروبات الکلی
antiek (het)	atiqe	عتیقه
kunstgalerie (de)	gāleri-ye honari	گالری هنری
audit diensten (mv.)	xadamāt-e momayyezi	خدمات ممیزی
banken (mv.)	bānk-dāri	بانکداری
bar (de)	bār	بار
schoonheidssalon (de/het)	sālon-e zibāyi	سالن زیبایی
boekhandel (de)	ketāb-foruši	کتاب فروشی
bierbrouwerij (de)	ābe jow-sāzi	آب جوسازی
zakencentrum (het)	markaz-e tejāri	مرکز تجاری
business school (de)	moassese-ye bāzargāni	موسسه بازرگانی
casino (het)	kāzino	کازینو
bouwbedrijven (mv.)	sāxtemān	ساختمان
adviesbureau (het)	mošavere	مشاوره
tandheelkunde (de)	dandān-e pezeški	دندان پزشکی
design (het)	tarrāhi	طراحی
apotheek (de)	dāruxāne	داروخانه
stomerij (de)	xošk-šuyi	خشکشویی
uitzendbureau (het)	āžāns-e kāryābi	آژانس کاریابی
financiële diensten (mv.)	xadamāt-e māli	خدمات مالی
voedingswaren (mv.)	mavādd-e qazāyi	مواد غذایی
uitvaartcentrum (het)	xadamat-e kafno dafn	خدمات کفن ودفن
meubilair (het)	mobl	مبل
kleding (de)	lebās	لباس
hotel (het)	hotel	هتل
ijsje (het)	bastani	بستنی
industrie (de)	san'at	صنعت
verzekering (de)	bime	بیمه
Internet (het)	internet	اینترنت
investeringen (mv.)	sarmāye gozāri	سرمایه گذاری
juwelier (de)	javāheri	جواهری
juwelen (mv.)	javāherāt	جواهرات
wasserette (de)	xošk-šuyi	خشکشویی
juridische diensten (mv.)	xadamāt-e hoquqi	خدمات حقوقی
lichte industrie (de)	sanāye-'e sabok	صنایع سبک
tijdschrift (het)	majalle	مجله
postorderbedrijven (mv.)	foruš-e sefāreš-e posti	فروش سفارش پستی
medicijnen (mv.)	pezeški	پزشکی
bioscoop (de)	sinamā	سینما
museum (het)	muze	موزه
persbureau (het)	xabar-gozari	خبرگزاری
krant (de)	ruznāme	روزنامه
nachtclub (de)	kābāre	کاباره
olie (aardolie)	naft	نفت

koerierdienst (de)	xadamāt-e post	خدمات پست
farmacie (de)	dārusāzi	داروسازی
drukkerij (de)	sahhāfi	صحافی
uitgeverij (de)	entešārāt	انتشارات
radio (de)	rādiyo	رادیو
vastgoed (het)	amvāl-e qeyr-e manqul	اموال غیر منقول
restaurant (het)	resturān	رستوران
bewakingsfirma (de)	āžāns-e amniyati	آژانس امنیتی
sport (de)	varzeš	ورزش
handelsbeurs (de)	burs	بورس
winkel (de)	maqāze	مغازه
supermarkt (de)	supermārket	سوپرمارکت
zwembad (het)	estaxr	استخر
naaiatelier (het)	xayyāti	خیاطی
televisie (de)	televiziyon	تلویزیون
theater (het)	teātr	تئاتر
handel (de)	tejārat	تجارت
transport (het)	haml-o naql	حمل و نقل
toerisme (het)	turism	توریسم
dierenarts (de)	dāmpezešk	دامپزشک
magazijn (het)	anbār	انبار
afvalinzameling (de)	jam āvari-ye zobāle	جمع آوری زباله

Baan. Business. Deel 2

83. Show. Tentoonstelling

beurs (de)	namāyešgāh	نمایشگاه
vakbeurs, handelsbeurs (de)	namāyešgāh-e tejāri	نمایشگاه تجاری
deelneming (de)	šerkat	شرکت
deelnemen (ww)	šerekat kardan	شرکت کردن
deelnemer (de)	šerekat konande	شرکت کننده
directeur (de)	ra'is	رئیس
organisatiecomité (het)	daftar-e modiriyat	دفتر مدیریت
organisator (de)	sāzmān dahande	سازمان دهنده
organiseren (ww)	sāzmān dādan	سازمان دادن
deelnemingsaanvraag (de)	darxāst-e šerkat	درخواست شرکت
invullen (een formulier ~)	por kardan	پر کردن
details (mv.)	joz'iyāt	جزئیات
informatie (de)	ettelā'āt	اطلاعات
prijs (de)	arzeš	ارزش
inclusief (bijv. ~ BTW)	šāmel	شامل
inbegrepen (alles ~)	šāmel šodan	شامل شدن
betalen (ww)	pardāxtan	پرداختن
registratietarief (het)	haqq-e sabt	حق ثبت
ingang (de)	vorud	ورود
paviljoen (het), hal (de)	qorfe	غرفه
registreren (ww)	sabt kardan	ثبت کردن
badge, kaart (de)	kārt-e šenāsāyi	کارت شناسایی
beursstand (de)	qorfe	غرفه
reserveren (een stand ~)	rezerv kardan	رزرو کردن
vitrine (de)	vitrin	ویترین
licht (het)	nurafkan	نورافکن
design (het)	tarh	طرح
plaatsen (ww)	qarār dādan	قرار دادن
geplaatst zijn (ww)	qarār gereftan	قرار گرفتن
distributeur (de)	towzi' konande	توزیع کننده
leverancier (de)	arze konande	عرضه کننده
leveren (ww)	arze kardan	عرضه کردن
land (het)	kešvar	کشور
buitenlands (bn)	xāreji	خارجی
product (het)	mahsul	محصول
associatie (de)	anjoman	انجمن
conferentiezaal (de)	tālār-e konferāns	تالار کنفرانس

congres (het)	kongere	کنگره
wedstrijd (de)	mosābeqe	مسابقه
bezoeker (de)	bāzdid konande	بازدید کننده
bezoeken (ww)	bāzdid kardan	بازدید کردن
afnemer (de)	moštari	مشتری

84. Wetenschap. Onderzoek. Wetenschappers

wetenschap (de)	elm	علم
wetenschappelijk (bn)	elmi	علمی
wetenschapper (de)	dānešmand	دانشمند
theorie (de)	nazariye	نظریه
axioma (het)	qā'ede-ye kolli	قاعده کلی
analyse (de)	tahlil	تحلیل
analyseren (ww)	tahlil kardan	تحلیل کردن
argument (het)	dalil	دلیل
substantie (de)	mādde	ماده
hypothese (de)	farziye	فرضیه
dilemma (het)	dorāhi	دوراهی
dissertatie (de)	pāyān nāme	پایان نامه
dogma (het)	aqide	عقیده
doctrine (de)	doktorin	دکترین
onderzoek (het)	tahqiq	تحقیق
onderzoeken (ww)	tahghigh kardan	تحقیق کردن
toetsing (de)	āzmāyeš	آزمایش
laboratorium (het)	āzmāyešgāh	آزمایشگاه
methode (de)	raveš	روش
molecule (de/het)	molekul	مولکول
monitoring (de)	nozzār-at	نظارت
ontdekking (de)	kašf	کشف
postulaat (het)	engāre	انگاره
principe (het)	asl	اصل
voorspelling (de)	piš bini	پیش بینی
een prognose maken	pišbini kardan	پیش بینی کردن
synthese (de)	santez	سنتز
tendentie (de)	gerāyeš	گرایش
theorema (het)	qaziye	قضیه
leerstellingen (mv.)	āmuzeš	آموزش
feit (het)	haqiqat	حقیقت
expeditie (de)	safar	سفر
experiment (het)	āzmāyeš	آزمایش
academicus (de)	ozv-e ākādemi	عضو آکادمی
bachelor (bijv. BA, LLB)	lisāns	لیسانس
doctor (de)	pezešk	پزشک
universitair docent (de)	dānešyār	دانشیار

master, magister (de)	foqe lisāns	فوق ليسانس
professor (de)	porofosor	پروفسور

Beroepen en ambachten

85. Zoeken naar werk. Ontslag

baan (de)	kār	کار
werknemers (mv.)	kārmandān	کارمندان
personeel (het)	kādr	کادر
carrière (de)	šoql	شغل
vooruitzichten (mv.)	durnamā	دورنما
meesterschap (het)	mahārat	مهارت
keuze (de)	entexāb	انتخاب
uitzendbureau (het)	āžāns-e kāryābi	آژانس کاریابی
CV, curriculum vitae (het)	rezume	رزومه
sollicitatiegesprek (het)	mosāhabe-ye kari	مصاحبه کاری
vacature (de)	post-e xāli	پست خالی
salaris (het)	hoquq	حقوق
vaste salaris (het)	darāmad-e s ābet	درآمد ثابت
loon (het)	pardāxt	پرداخت
betrekking (de)	šoql	شغل
taak, plicht (de)	vazife	وظیفه
takenpakket (het)	šarh-e vazāyef	شرح وظایف
bezig (~ zijn)	mašqul	مشغول
ontslagen (ww)	exrāj kardan	اخراج کردن
ontslag (het)	exrāj	اخراج
werkloosheid (de)	bikāri	بیکاری
werkloze (de)	bikār	بیکار
pensioen (het)	mostamerri	مستمری
met pensioen gaan	bāznešaste šodan	بازنشسته شدن

86. Zakenmensen

directeur (de)	modir	مدیر
beheerder (de)	modir	مدیر
hoofd (het)	ra'is	رئیس
baas (de)	māfowq	مافوق
superieuren (mv.)	roasā	رؤسا
president (de)	ra'is jomhur	رئیس جمهور
voorzitter (de)	ra'is	رئیس
adjunct (de)	mo'āven	معاون
assistent (de)	mo'āven	معاون

secretaris (de)	monši	منشی
persoonlijke assistent (de)	dastyār-e šaxsi	دستیار شخصی

zakenman (de)	bāzargān	بازرگان
ondernemer (de)	kārāfarin	کارآفرین
oprichter (de)	moasses	مؤسس
oprichten (een nieuw bedrijf ~)	ta'sis kardan	تأسیس کردن

stichter (de)	hamkār	همکار
partner (de)	šarik	شریک
aandeelhouder (de)	sahāmdār	سهامدار

miljonair (de)	milyuner	میلیونر
miljardair (de)	milyārder	میلیاردر
eigenaar (de)	sāheb	صاحب
landeigenaar (de)	zamin-dār	زمین دار

klant (de)	xaridār	خریدار
vaste klant (de)	xaridār-e dāemi	خریدار دائمی
koper (de)	xaridār	خریدار
bezoeker (de)	bāzdid konande	بازدید کننده
professioneel (de)	herfe i	حرفه ای
expert (de)	kāršenās	کارشناس
specialist (de)	motexasses	متخصص

bankier (de)	kārmand-e bānk	کارمند بانک
makelaar (de)	dallāl-e kārgozār	دلال کارگزار

kassier (de)	sanduqdār	صندوقدار
boekhouder (de)	hesābdār	حسابدار
bewaker (de)	negahbān	نگهبان

investeerder (de)	sarmāye gozār	سرمایه گذار
schuldenaar (de)	bedehkār	بدهکار
crediteur (de)	talabkār	طلبکار
lener (de)	vām girande	وام گیرنده

importeur (de)	vāred konande	وارد کننده
exporteur (de)	sāder konande	صادر کننده

producent (de)	towlid konande	تولید کننده
distributeur (de)	towzi' konande	توزیع کننده
bemiddelaar (de)	vāsete	واسطه

adviseur, consulent (de)	mošāver	مشاور
vertegenwoordiger (de)	namāyande	نماینده
agent (de)	namāyande	نماینده
verzekeringsagent (de)	namāyande-ye bime	نمایندۀ بیمه

87. Dienstverlenende beroepen

kok (de)	āšpaz	آشپز
chef-kok (de)	sarāšpaz	سرآشپز

bakker (de)	nānvā	نانوا
barman (de)	motesaddi-ye bār	متصدی بار
kelner, ober (de)	pišxedmat	پیشخدمت
serveerster (de)	pišxedmat	پیشخدمت
advocaat (de)	vakil	وکیل
jurist (de)	hoquq dān	حقوق دان
notaris (de)	daftardār	دفتردار
elektricien (de)	barq-e kār	برق کار
loodgieter (de)	lule keš	لوله کش
timmerman (de)	najjār	نجار
masseur (de)	māsāž dahande	ماساژ دهنده
masseuse (de)	māsāž dahande	ماساژ دهنده
dokter, arts (de)	pezešk	پزشک
taxichauffeur (de)	rānande-ye tāksi	راننده تاکسی
chauffeur (de)	rānande	راننده
koerier (de)	peyk	پیک
kamermeisje (het)	mostaxdem	مستخدم
bewaker (de)	negahbān	نگهبان
stewardess (de)	mehmāndār-e havāpeymā	مهماندار هواپیما
meester (de)	mo'allem	معلم
bibliothecaris (de)	ketābdār	کتابدار
vertaler (de)	motarjem	مترجم
tolk (de)	motarjem-e šafāhi	مترجم شفاهی
gids (de)	rāhnamā-ye tur	راهنمای تور
kapper (de)	ārāyešgar	آرایشگر
postbode (de)	nāme resān	نامه رسان
verkoper (de)	forušande	فروشنده
tuinman (de)	bāqbān	باغبان
huisbediende (de)	nowkar	نوکر
dienstmeisje (het)	xedmatkār	خدمتکار
schoonmaakster (de)	zan-e nezāfatči	زن نظافتچی

88. Militaire beroepen en rangen

soldaat (rang)	sarbāz	سرباز
sergeant (de)	goruhbān	گروهبان
luitenant (de)	sotvān	ستوان
kapitein (de)	kāpitān	کاپیتان
majoor (de)	sargord	سرگرد
kolonel (de)	sarhang	سرهنگ
generaal (de)	ženerāl	ژنرال
maarschalk (de)	māršāl	مارشال
admiraal (de)	daryāsālār	دریاسالار
militair (de)	nezāmi	نظامی
soldaat (de)	sarbāz	سرباز

officier (de)	afsar	افسر
commandant (de)	farmāndeh	فرمانده
grenswachter (de)	marzbān	مرزبان
marconist (de)	bisim či	بیسیم چی
verkenner (de)	ettelā'āti	اطلاعاتی
sappeur (de)	mohandes estehkāmāt	مهندس استحکامات
schutter (de)	tirandāz	تیرانداز
stuurman (de)	nāvbar	ناویر

89. Ambtenaren. Priesters

koning (de)	šāh	شاه
koningin (de)	maleke	ملکه
prins (de)	šāhzāde	شاهزاده
prinses (de)	pranses	پرنسس
tsaar (de)	tezār	تزار
tsarina (de)	maleke	ملکه
president (de)	ra'is jomhur	رئیس جمهور
minister (de)	vazir	وزیر
eerste minister (de)	noxost vazir	نخست وزیر
senator (de)	senātor	سناتور
diplomaat (de)	diplomāt	دیپلمات
consul (de)	konsul	کنسول
ambassadeur (de)	safir	سفیر
adviseur (de)	mošāver	مشاور
ambtenaar (de)	kārmand	کارمند
prefect (de)	baxšdār	بخشدار
burgemeester (de)	šahrdār	شهردار
rechter (de)	qāzi	قاضی
aanklager (de)	dādsetān	دادستان
missionaris (de)	misiyoner	میسیونر
monnik (de)	rāheb	راهب
abt (de)	rāheb-e bozorg	راهب بزرگ
rabbi, rabbijn (de)	xāxām	خاخام
vizier (de)	vazir	وزیر
sjah (de)	šāh	شاه
sjeik (de)	šeyx	شیخ

90. Agrarische beroepen

imker (de)	zanburdār	زنبوردار
herder (de)	čupān	چوپان
landbouwkundige (de)	motexasses-e kešāvarzi	متخصص کشاورزی

veehouder (de)	dāmparvar	دامپرور
dierenarts (de)	dāmpezešk	دامپزشک
landbouwer (de)	kešāvarz	کشاورز
wijnmaker (de)	šarāb sāz	شراب ساز
zoöloog (de)	jānevar-šenās	جانور شناس
cowboy (de)	gāvčerān	گاوچران

91. Kunst beroepen

acteur (de)	bāzigar	بازیگر
actrice (de)	bāzigar	بازیگر
zanger (de)	xānande	خواننده
zangeres (de)	xānande	خواننده
danser (de)	raqqās	رقاص
danseres (de)	raqqāse	رقاصه
artiest (mann.)	honarpiše	هنرپیشه
artiest (vrouw.)	honarpiše	هنرپیشه
muzikant (de)	muzisiyan	موزیسین
pianist (de)	piyānist	پیانیست
gitarist (de)	gitārist	گیتاریست
orkestdirigent (de)	rahbar-e orkestr	رهبر ارکستر
componist (de)	āhangsāz	آهنگساز
impresario (de)	modir-e operā	مدیر اپرا
filmregisseur (de)	kārgardān	کارگردان
filmproducent (de)	tahiye konande	تهیه کننده
scenarioschrijver (de)	senārist	سناریست
criticus (de)	montaqed	منتقد
schrijver (de)	nevisande	نویسنده
dichter (de)	šā'er	شاعر
beeldhouwer (de)	mojassame sāz	مجسمه ساز
kunstenaar (de)	naqqāš	نقاش
jongleur (de)	tardast	تردست
clown (de)	dalqak	دلقک
acrobaat (de)	ākrobāt	آکروبات
goochelaar (de)	šo'bade bāz	شعبده باز

92. Verschillende beroepen

dokter, arts (de)	pezešk	پزشک
ziekenzuster (de)	parastār	پرستار
psychiater (de)	ravānpezešk	روانپزشک
tandarts (de)	dandān pezešk	دندان پزشک
chirurg (de)	jarrāh	جراح

astronaut (de)	fazānavard	فضانورد
astronoom (de)	setāre-šenās	ستاره شناس
piloot (de)	xalabān	خلبان
chauffeur (de)	rānande	راننده
machinist (de)	rānande	راننده
mecanicien (de)	mekānik	مکانیک
mijnwerker (de)	ma'dančī	معدنچی
arbeider (de)	kārgar	کارگر
bankwerker (de)	qofl sāz	قفل ساز
houtbewerker (de)	najjār	نجار
draaier (de)	tarrāš kār	تراش کار
bouwvakker (de)	kārgar-e sāxtemāni	کارگر ساختمانی
lasser (de)	juš kār	جوش کار
professor (de)	porofosor	پروفسور
architect (de)	me'mār	معمار
historicus (de)	movarrex	مورخ
wetenschapper (de)	dānešmand	دانشمند
fysicus (de)	fizikdān	فیزیکدان
scheikundige (de)	šimi dān	شیمی دان
archeoloog (de)	bāstān-šenās	باستان شناس
geoloog (de)	zamin-šenās	زمین شناس
onderzoeker (de)	pažuhešgar	پژوهشگر
babysitter (de)	parastār bače	پرستار بچه
leraar, pedagoog (de)	āmuzgār	آموزگار
redacteur (de)	virāstār	ویراستار
chef-redacteur (de)	sardabir	سردبیر
correspondent (de)	xabarnegār	خبرنگار
typiste (de)	māšin nevis	ماشین نویس
designer (de)	tarāh	طراح
computerexpert (de)	kāršenās kāmpiyuter	کارشناس کامپیوتر
programmeur (de)	barnāme-ye nevis	برنامه نویس
ingenieur (de)	mohandes	مهندس
matroos (de)	malavān	ملوان
zeeman (de)	malavān	ملوان
redder (de)	nejāt-e dahande	نجات دهنده
brandweerman (de)	ātaš nešān	آتش نشان
politieagent (de)	polis	پلیس
nachtwaker (de)	mohāfez	محافظ
detective (de)	kārāgāh	کارآگاه
douanier (de)	ma'mur-e gomrok	مامور گمرک
lijfwacht (de)	mohāfez-e šaxsi	محافظ شخصی
gevangenisbewaker (de)	negahbān zendān	نگهبان زندان
inspecteur (de)	bāzres	بازرس
sportman (de)	varzeškār	ورزشکار
trainer (de)	morabbi	مربی

slager, beenhouwer (de)	qassāb	قصاب
schoenlapper (de)	kaffāš	کفاش
handelaar (de)	bāzargān	بازرگان
lader (de)	bārbar	باربر
kledingstilist (de)	tarrāh-e lebas	طراح لباس
model (het)	model-e zan	مدل زن

93. Beroepen. Sociale status

scholier (de)	dāneš-āmuz	دانش آموز
student (de)	dānešju	دانشجو
filosoof (de)	filsuf	فیلسوف
econoom (de)	eqtesāddān	اقتصاددان
uitvinder (de)	moxtareʻ	مخترع
werkloze (de)	bikār	بیکار
gepensioneerde (de)	bāznešaste	بازنشسته
spion (de)	jāsus	جاسوس
gedetineerde (de)	zendāni	زندانی
staker (de)	eʻtesāb konande	اعتصاب کننده
bureaucraat (de)	maʻmur-e edāri	مأمور اداری
reiziger (de)	mosāfer	مسافر
homoseksueel (de)	hamjens-e bāz	همجنس باز
hacker (computerkraker)	haker	هکر
hippie (de)	hipi	هیپی
bandiet (de)	rāhzan	راهزن
huurmoordenaar (de)	ādamkoš	آدمکش
drugsverslaafde (de)	moʻtād	معتاد
drugshandelaar (de)	forušande-ye mavādd-e moxadder	فروشندۀ مواد مخدر
prostituee (de)	fāheše	فاحشه
pooier (de)	jākeš	جاکش
tovenaar (de)	jādugar	جادوگر
tovenares (de)	jādugar	جادوگر
piraat (de)	dozd-e daryāyi	دزد دریایی
slaaf (de)	borde	برده
samoerai (de)	sāmurāyi	سامورایی
wilde (de)	vahši	وحشی

Onderwijs

94. School

school (de)	madrese	مدرسه
schooldirecteur (de)	modir-e madrese	مدیر مدرسه
leerling (de)	dāneš-āmuz	دانش آموز
leerlinge (de)	dāneš-āmuz	دانش آموز
scholier (de)	dāneš-āmuz	دانش آموز
scholiere (de)	dāneš-āmuz	دانش آموز
leren (lesgeven)	āmuxtan	آموختن
studeren (bijv. een taal ~)	yād gereftan	یاد گرفتن
van buiten leren	az hefz kardan	از حفظ کردن
leren (bijv. ~ tellen)	yād gereftan	یاد گرفتن
in school zijn (schooljongen zijn)	tahsil kardan	تحصیل کردن
naar school gaan	madrese raftan	مدرسه رفتن
alfabet (het)	alefbā	الفبا
vak (schoolvak)	mabhas	مبحث
klaslokaal (het)	kelās	کلاس
les (de)	dars	درس
pauze (de)	zang-e tafrih	زنگ تفریح
bel (de)	zang	زنگ
schooltafel (de)	miz-e tahrir	میز تحریر
schoolbord (het)	taxte-ye siyāh	تخته سیاه
cijfer (het)	nomre	نمره
goed cijfer (het)	nomre-ye xub	نمرۀ خوب
slecht cijfer (het)	nomre-ye bad	نمرۀ بد
een cijfer geven	nomre gozāštan	نمره گذاشتن
fout (de)	eštebāh	اشتباه
fouten maken	eštebāh kardan	اشتباه کردن
corrigeren (fouten ~)	eslāh kardan	اصلاح کردن
spiekbriefje (het)	taqallob	تقلب
huiswerk (het)	taklif manzel	تکلیف منزل
oefening (de)	tamrin	تمرین
aanwezig zijn (ww)	hozur dāštan	حضور داشتن
absent zijn (ww)	qāyeb budan	غایب بودن
school verzuimen	az madrese qāyeb budan	ازمدرسه غایب بودن
bestraffen (een stout kind ~)	tanbih kardan	تنبیه کردن
bestraffing (de)	tanbih	تنبیه

gedrag (het)	raftār	رفتار
cijferlijst (de)	gozāreš-e ruzāne	گزارش روزانه
potlood (het)	medād	مداد
gom (de)	pāk kon	پاک کن
krijt (het)	gač	گچ
pennendoos (de)	qalamdān	قلمدان
boekentas (de)	kif madrese	کیف مدرسه
pen (de)	xodkār	خودکار
schrift (de)	daftar	دفتر
leerboek (het)	ketāb-e darsi	کتاب درسی
passer (de)	pargār	پرگار
technisch tekenen (ww)	rasm kardan	رسم کردن
technische tekening (de)	rasm-e fani	رسم فنی
gedicht (het)	še'r	شعر
van buiten (bw)	az hefz	از حفظ
van buiten leren	az hefz kardan	از حفظ کردن
vakantie (de)	ta'tilāt	تعطیلات
met vakantie zijn	dar ta'tilāt budan	در تعطیلات بودن
vakantie doorbrengen	ta'tilāt rā gozarāndan	تعطیلات را گذراندن
toets (schriftelijke ~)	emtehān	امتحان
opstel (het)	enšā'	انشاء
dictee (het)	dikte	دیکته
examen (het)	emtehān	امتحان
examen afleggen	emtehān dādan	امتحان دادن
experiment (het)	āzmāyeš	آزمایش

95. Hogeschool. Universiteit

academie (de)	farhangestān	فرهنگستان
universiteit (de)	dānešgāh	دانشگاه
faculteit (de)	dāneškade	دانشکده
student (de)	dānešju	دانشجو
studente (de)	dānešju	دانشجو
leraar (de)	ostād	استاد
collegezaal (de)	kelās	کلاس
afgestudeerde (de)	fāreqottahsil	فارغ التحصیل
diploma (het)	diplom	دیپلم
dissertatie (de)	pāyān nāme	پایان نامه
onderzoek (het)	tahqiqe elmi	تحقیق علمی
laboratorium (het)	āzmāyešgāh	آزمایشگاه
college (het)	soxanrāni	سخنرانی
medestudent (de)	ha mdowre i	هم دوره ای
studiebeurs (de)	burse tahsili	بورس تحصیلی
academische graad (de)	daraje-ye elmi	درجهٔ علمی

96. Wetenschappen. Disciplines

wiskunde (de)	riyāziyāt	ریاضیات
algebra (de)	jabr	جبر
meetkunde (de)	hendese	هندسه
astronomie (de)	setāre-šenāsi	ستاره شناسی
biologie (de)	zist-šenāsi	زیست شناسی
geografie (de)	joqrāfiyā	جغرافیا
geologie (de)	zamin-šenāsi	زمین شناسی
geschiedenis (de)	tārix	تاریخ
geneeskunde (de)	pezeški	پزشکی
pedagogiek (de)	olume tarbiyati	علوم تربیتی
rechten (mv.)	hoquq	حقوق
fysica, natuurkunde (de)	fizik	فیزیک
scheikunde (de)	šimi	شیمی
filosofie (de)	falsafe	فلسفه
psychologie (de)	ravānšenāsi	روانشناسی

97. Schrift. Spelling

grammatica (de)	gerāmer	گرامر
vocabulaire (het)	vājegān	واژگان
fonetiek (de)	sadā-šenāsi	صداشناسی
zelfstandig naamwoord (het)	esm	اسم
bijvoeglijk naamwoord (het)	sefat	صفت
werkwoord (het)	fe'l	فعل
bijwoord (het)	qeyd	قید
voornaamwoord (het)	zamir	ضمیر
tussenwerpsel (het)	harf-e nedā	حرف ندا
voorzetsel (het)	harf-e ezāfe	حرف اضافه
stam (de)	riše-ye kalame	ریشه کلمه
achtervoegsel (het)	pasvand	پسوند
voorvoegsel (het)	pišvand	پیشوند
lettergreep (de)	hejā	هجا
achtervoegsel (het)	pasvand	پسوند
nadruk (de)	fešar-e hejā	فشار هجا
afkappingsteken (het)	āpostrof	آپوستروف
punt (de)	noqte	نقطه
komma (de/het)	virgul	ویرگول
puntkomma (de)	noqte virgul	نقطه ویرگول
dubbelpunt (de)	donoqte	دونقطه
beletselteken (het)	čand noqte	چند نقطه
vraagteken (het)	alāmat-e soāl	علامت سؤال
uitroepteken (het)	alāmat-e taajjob	علامت تعجب

aanhalingstekens (mv.)	giyume	گیومه
tussen aanhalingstekens (bw)	dar giyume	در گیومه
haakjes (mv.)	parāntez	پرانتز
tussen haakjes (bw)	dar parāntez	در پرانتز
streepje (het)	xatt-e vāsel	خط واصل
gedachtestreepje (het)	xatt-e tire	خط تیره
spatie	fāsele	فاصله
(~ tussen twee woorden)		
letter (de)	harf	حرف
hoofdletter (de)	harf-e bozorg	حرف بزرگ
klinker (de)	sedādār	صدادار
medeklinker (de)	sāmet	صامت
zin (de)	jomle	جمله
onderwerp (het)	nahād	نهاد
gezegde (het)	gozāre	گزاره
regel (in een tekst)	satr	سطر
op een nieuwe regel (bw)	sar-e satr	سر سطر
alinea (de)	band	بند
woord (het)	kalame	کلمه
woordgroep (de)	ebārat	عبارت
uitdrukking (de)	bayān	بیان
synoniem (het)	moterādef	مترادف
antoniem (het)	motezād	متضاد
regel (de)	qā'ede	قاعده
uitzondering (de)	estesnā	استثنا
correct (bijv. ~e spelling)	sahih	صحیح
vervoeging, conjugatie (de)	sarf	صرف
verbuiging, declinatie (de)	sarf-e kalemāt	صرف کلمات
naamval (de)	hālat	حالت
vraag (de)	soāl	سؤال
onderstrepen (ww)	xatt kešidan	خط کشیدن
stippellijn (de)	noqte čin	نقطه چین

98. Vreemde talen

taal (de)	zabān	زبان
vreemd (bn)	xāreji	خارجی
vreemde taal (de)	zabān-e xāreji	زبان خارجی
leren (bijv. van buiten ~)	dars xāndan	درس خواندن
studeren (Nederlands ~)	yād gereftan	یاد گرفتن
lezen (ww)	xāndan	خواندن
spreken (ww)	harf zadan	حرف زدن
begrijpen (ww)	fahmidan	فهمیدن
schrijven (ww)	neveštan	نوشتن
snel (bw)	sari'	سریع

langzaam (bw)	āheste	آهسته
vloeiend (bw)	ravān	روان
regels (mv.)	qavā'ed	قواعد
grammatica (de)	gerāmer	گرامر
vocabulaire (het)	vājegān	واژگان
fonetiek (de)	āvā-šenāsi	آواشناسی
leerboek (het)	ketāb-e darsi	کتاب درسی
woordenboek (het)	farhang-e loqat	فرهنگ لغت
leerboek (het) voor zelfstudie	xod-āmuz	خودآموز
taalgids (de)	ketāb-e mokāleme	کتاب مکالمه
cassette (de)	kāst	کاست
videocassette (de)	kāst-e video	کاست ویدئو
CD (de)	si-di	سیدی
DVD (de)	dey vey dey	دی وی دی
alfabet (het)	alefbā	الفبا
spellen (ww)	heji kardan	هجی کردن
uitspraak (de)	talaffoz	تلفظ
accent (het)	lahje	لهجه
met een accent (bw)	bā lahje	با لهجه
zonder accent (bw)	bi lahje	بی لهجه
woord (het)	kalame	کلمه
betekenis (de)	ma'ni	معنی
cursus (de)	dowre	دوره
zich inschrijven (ww)	nām-nevisi kardan	نام نویسی کردن
leraar (de)	ostād	استاد
vertaling (een ~ maken)	tarjome	ترجمه
vertaling (tekst)	tarjome	ترجمه
vertaler (de)	motarjem	مترجم
tolk (de)	motarjem-e šafāhi	مترجم شفاهی
polyglot (de)	čand zabāni	چند زبانی
geheugen (het)	hāfeze	حافظه

Rusten. Entertainment. Reizen

99. Trip. Reizen

toerisme (het)	gardešgari	گردشگری
toerist (de)	turist	توریست
reis (de)	mosāferat	مسافرت
avontuur (het)	mājarā	ماجرا
tocht (de)	safar	سفر
vakantie (de)	moraxxasi	مرخصی
met vakantie zijn	dar moraxassi budan	در مرخصی بودن
rust (de)	esterāhat	استراحت
trein (de)	qatār	قطار
met de trein	bā qatār	با قطار
vliegtuig (het)	havāpeymā	هواپیما
met het vliegtuig	bā havāpeymā	با هواپیما
met de auto	bā otomobil	با اتومبیل
per schip (bw)	dar kešti	با کشتی
bagage (de)	bār	بار
valies (de)	čamedān	چمدان
bagagekarretje (het)	čarx-e hamle bar	چرخ حمل بار
paspoort (het)	gozarnāme	گذرنامه
visum (het)	ravādid	روادید
kaartje (het)	belit	بلیط
vliegticket (het)	belit-e havāpeymā	بلیط هواپیما
reisgids (de)	ketāb-e rāhnamā	کتاب راهنما
kaart (de)	naqše	نقشه
gebied (landelijk ~)	mahal	محل
plaats (de)	jā	جا
exotische bestemming (de)	qarāyeb	غرایب
exotisch (bn)	qarib	غریب
verwonderlijk (bn)	heyrat angiz	حیرت انگیز
groep (de)	goruh	گروه
rondleiding (de)	gardeš	گردش
gids (de)	rāhnamā-ye tur	راهنمای تور

100. Hotel

hotel (het)	hotel	هتل
motel (het)	motel	متل
3-sterren	se setāre	سه ستاره

5-sterren	panj setāre	پنج ستاره
overnachten (ww)	māndan	ماندن
kamer (de)	otāq	اتاق
eenpersoonskamer (de)	otāq-e yeknafare	اتاق یک نفره
tweepersoonskamer (de)	otāq-e do nafare	اتاق دو نفره
een kamer reserveren	otāq rezerv kardan	اتاق رزرو کردن
halfpension (het)	nim pānsiyon	نیم پانسیون
volpension (het)	pānsiyon	پانسیون
met badkamer	bā vān	با وان
met douche	bā duš	با دوش
satelliet-tv (de)	televiziyon-e māhvārei	تلویزیون ماهواره ای
airconditioner (de)	tahviye-ye matbu'	تهویه مطبوع
handdoek (de)	howle	حوله
sleutel (de)	kelid	کلید
administrateur (de)	edāre-ye konande	اداره کننده
kamermeisje (het)	mostaxdem	مستخدم
piccolo (de)	bārbar	باربر
portier (de)	darbān	دربان
restaurant (het)	resturān	رستوران
bar (de)	bār	بار
ontbijt (het)	sobhāne	صبحانه
avondeten (het)	šām	شام
buffet (het)	bufe	بوفه
hal (de)	lābi	لابی
lift (de)	āsānsor	آسانسور
NIET STOREN	mozāhem našavid	مزاحم نشوید
VERBODEN TE ROKEN!	sigār kešidan mamnu'	سیگار کشیدن ممنوع

TECHNISCHE APPARATUUR. VERVOER

Technische apparatuur

101. Computer

computer (de)	kāmpiyuter	کامپیوتر
laptop (de)	lap tāp	لپ تاپ
aanzetten (ww)	rowšan kardan	روشن کردن
uitzetten (ww)	xāmuš kardan	خاموش کردن
toetsenbord (het)	sahfe kelid	صفحه کلید
toets (enter~)	kelid	کلید
muis (de)	māows	ماوس
muismat (de)	māows pad	ماوس پد
knopje (het)	dokme	دکمه
cursor (de)	makān namā	مکان نما
monitor (de)	monitor	مونیتور
scherm (het)	safhe	صفحه
harde schijf (de)	hārd disk	هارد دیسک
volume (het) van de harde schijf	hajm-e hard	حجم هارد
geheugen (het)	hāfeze	حافظه
RAM-geheugen (het)	hāfeze-ye ram	حافظه رم
bestand (het)	parvande	پرونده
folder (de)	puše	پوشه
openen (ww)	bāz kardan	باز کردن
sluiten (ww)	bastan	بستن
opslaan (ww)	zaxire kardan	ذخیره کردن
verwijderen (wissen)	hazf kardan	حذف کردن
kopiëren (ww)	kopi kardan	کپی کردن
sorteren (ww)	tabaqe bandi kardan	طبقه بندی کردن
overplaatsen (ww)	kopi kardan	کپی کردن
programma (het)	barnāme	برنامه
software (de)	narm afzār	نرم افزار
programmeur (de)	barnāme-ye nevis	برنامه نویس
programmeren (ww)	barnāme-nevisi kardan	برنامه نویسی کردن
hacker (computerkraker)	haker	هکر
wachtwoord (het)	kalame-ye obur	کلمه عبور
virus (het)	virus	ویروس
ontdekken (virus ~)	peydā kardan	پیدا کردن

byte (de)	bāyt	بایت
megabyte (de)	megābāyt	مگابایت
data (de)	dāde-hā	داده ها
databank (de)	pāygāh dāde-hā	پایگاه داده ها
kabel (USB-~, enz.)	kābl	کابل
afsluiten (ww)	jodā kardan	جدا کردن
aansluiten op (ww)	vasl kardan	وصل کردن

102. Internet. E-mail

internet (het)	internet	اینترنت
browser (de)	morurgar	مرورگر
zoekmachine (de)	motor-e jostoju	موتور جستجو
internetprovider (de)	erāe-ye dehande	ارائه دهنده
webmaster (de)	tarrāh-e vebsāyt	طراح وب سایت
website (de)	veb-sāyt	وب سایت
webpagina (de)	safhe-ye veb	صفحه وب
adres (het)	nešāni	نشانی
adresboek (het)	daftarče-ye nešāni	دفترچه نشانی
postvak (het)	sanduq-e post	صندوق پست
post (de)	post	پست
vol (~ postvak)	por	پر
bericht (het)	payām	پیام
binnenkomende berichten (mv.)	payāmhā-ye vorudi	پیامهای ورودی
uitgaande berichten (mv.)	payāmhā-ye xoruji	پیامهای خروجی
verzender (de)	ferestande	فرستنده
verzenden (ww)	ferestādan	فرستادن
verzending (de)	ersāl	ارسال
ontvanger (de)	girande	گیرنده
ontvangen (ww)	gereftan	گرفتن
correspondentie (de)	mokātebe	مکاتبه
corresponderen (met ...)	mokātebe kardan	مکاتبه کردن
bestand (het)	parvande	پرونده
downloaden (ww)	dānlod kardan	دانلود کردن
creëren (ww)	ijād kardan	ایجاد کردن
verwijderen (een bestand ~)	hazf kardan	حذف کردن
verwijderd (bn)	hazf šode	حذف شده
verbinding (de)	ertebāt	ارتباط
snelheid (de)	sor'at	سرعت
modem (de)	modem	مودم
toegang (de)	dastyābi	دستیابی
poort (de)	dargāh	درگاه

aansluiting (de)	ertebāt	ارتباط
zich aansluiten (ww)	vasl šodan	وصل شدن
selecteren (ww)	entexāb kardan	انتخاب کردن
zoeken (ww)	jostoju kardan	جستجو کردن

103. Elektriciteit

elektriciteit (de)	barq	برق
elektrisch (bn)	barqi	برقی
elektriciteitscentrale (de)	nirugāh	نیروگاه
energie (de)	enerži	انرژی
elektrisch vermogen (het)	niru-ye barq	نیروی برق
lamp (de)	lāmp	لامپ
zaklamp (de)	čerāq-e dasti	چراغ دستی
straatlantaarn (de)	čerāq-e barq	چراغ برق
licht (elektriciteit)	nur	نور
aandoen (ww)	rowšan kardan	روشن کردن
uitdoen (ww)	xāmuš kardan	خاموش کردن
het licht uitdoen	čerāq rā xāmuš kardan	چراغ را خاموش کردن
doorbranden (gloeilamp)	suxtan	سوختن
kortsluiting (de)	ettesāli	اتصالی
onderbreking (de)	sim qatʿ šode	سیم قطع شده
contact (het)	tamās	تماس
schakelaar (de)	kelid	کلید
stopcontact (het)	periz	پریز
stekker (de)	došāxe	دوشاخه
verlengsnoer (de)	sim-e sayār	سیم سیار
zekering (de)	fiyuz	فیوز
kabel (de)	sim	سیم
bedrading (de)	sim keši	سیم کشی
ampère (de)	āmper	آمپر
stroomsterkte (de)	šeddat-e jaryān	شدت جریان
volt (de)	volt	ولت
spanning (de)	voltāž	ولتاژ
elektrisch toestel (het)	vasile-ye barqi	وسیله برقی
indicator (de)	šāxes	شاخص
elektricien (de)	barq-e kār	برق کار
solderen (ww)	lahim kardan	لحیم کردن
soldeerbout (de)	hoviye	هویه
stroom (de)	jaryān-e barq	جریان برق

104. Gereedschappen

werktuig (stuk gereedschap)	abzār	ابزار
gereedschap (het)	abzār	ابزار

uitrusting (de)	tajhizāt	تجهیزات
hamer (de)	čakoš	چکش
schroevendraaier (de)	pič gušti	پیچ گوشتی
bijl (de)	tabar	تبر
zaag (de)	arre	اره
zagen (ww)	arre kardan	اره کردن
schaaf (de)	rande	رنده
schaven (ww)	rande kardan	رنده کردن
soldeerbout (de)	hoviye	هویه
solderen (ww)	lahim kardan	لحیم کردن
vijl (de)	sowhān	سوهان
nijptang (de)	gāzanbor	گازانبر
combinatietang (de)	anbordast	انبردست
beitel (de)	eskene	اسکنه
boorkop (de)	sar-matte	سرمته
boormachine (de)	matte barqi	مته برقی
boren (ww)	surāx kardan	سوراخ کردن
mes (het)	kārd	کارد
zakmes (het)	čāqu-ye jibi	چاقوی جیبی
lemmet (het)	tiqe	تیغه
scherp (bijv. ~ mes)	tiz	تیز
bot (bn)	konad	کند
bot raken (ww)	konad šodan	کند شدن
slijpen (een mes ~)	tiz kardan	تیز کردن
bout (de)	pič	پیچ
moer (de)	mohre	مهره
schroefdraad (de)	šiyār	شیار
houtschroef (de)	pič	پیچ
spijker (de)	mix	میخ
kop (de)	sar-e mix	سر میخ
liniaal (de/het)	xat keš	خط کش
rolmeter (de)	metr	متر
waterpas (de/het)	tarāz	تراز
loep (de)	zarre bin	ذره بین
meetinstrument (het)	abzār-e andāzegir-i	ابزار اندازه گیری
opmeten (ww)	andāze gereftan	اندازه گرفتن
schaal (meetschaal)	safhe-ye modarraj	صفحهٔ مدرج
gegevens (mv.)	dastgāh-e xaneš	دستگاه خوانش
compressor (de)	komperesor	کمپرسور
microscoop (de)	mikroskop	میکروسکوپ
pomp (de)	pomp	پمپ
robot (de)	robāt	روبات
laser (de)	leyzer	لیزر
moersleutel (de)	āčār	آچار
plakband (de)	navār-e časb	نوار چسب

lijm (de)	časb	چسب
schuurpapier (het)	kāqaz-e sonbāde	کاغذ سنباده
veer (de)	fanar	فنر
magneet (de)	āhan-e robā	آهن ربا
handschoenen (mv.)	dastkeš	دستکش
touw (bijv. henneptouw)	tanāb	طناب
snoer (het)	band	بند
draad (de)	sim	سیم
kabel (de)	kābl	کابل
moker (de)	potk	پتک
breekijzer (het)	deylam	دیلم
ladder (de)	nardebān	نردبان
trapje (inklapbaar ~)	nardebān-e sabok	نردبان سبک
aanschroeven (ww)	pič kardan	پیچ کردن
losschroeven (ww)	bāz kardan	باز کردن
dichtpersen (ww)	fešordan	فشردن
vastlijmen (ww)	časbāndan	چسباندن
snijden (ww)	boridan	بریدن
defect (het)	xarābi	خرابی
reparatie (de)	ta'mir	تعمیر
repareren (ww)	ta'mir kardan	تعمیر کردن
regelen (een machine ~)	tanzim kardan	تنظیم کردن
checken (ww)	barresi kardan	بررسی کردن
controle (de)	barresi	بررسی
gegevens (mv.)	dastgāh-e xaneš	دستگاه خوانش
degelijk (bijv. ~ machine)	motmaen	مطمئن
ingewikkeld (bn)	pičide	پیچیده
roesten (ww)	zang zadan	زنگ زدن
roestig (bn)	zang zade	زنگ زده
roest (de/het)	zang	زنگ

Vervoer

105. Vliegtuig

vliegtuig (het)	havāpeymā	هواپیما
vliegticket (het)	belit-e havāpeymā	بلیط هواپیما
luchtvaartmaatschappij (de)	šerkat-e havāpeymāyi	شرکت هواپیمایی
luchthaven (de)	forudgāh	فرودگاه
supersonisch (bn)	māvarā sowt	ماوراء صوت
gezagvoerder (de)	kāpitān	کاپیتان
bemanning (de)	xadame	خدمه
piloot (de)	xalabān	خلبان
stewardess (de)	mehmāndār-e havāpeymā	مهماندار هواپیما
stuurman (de)	nāvbar	ناوبر
vleugels (mv.)	bāl-hā	بال ها
staart (de)	dam	دم
cabine (de)	kābin	کابین
motor (de)	motor	موتور
landingsgestel (het)	šāssi	شاسی
turbine (de)	turbin	توربین
propeller (de)	parvāne	پروانه
zwarte doos (de)	ja'be-ye siyāh	جعبه سیاه
stuur (het)	farmān	فرمان
brandstof (de)	suxt	سوخت
veiligheidskaart (de)	dasturol'amal	دستورالعمل
zuurstofmasker (het)	māsk-e oksižen	ماسک اکسیژن
uniform (het)	oniform	اونیفورم
reddingsvest (de)	jeliqe-ye nejāt	جلیقة نجات
parachute (de)	čatr-e nejāt	چترنجات
opstijgen (het)	parvāz	پرواز
opstijgen (ww)	parvāz kardan	پرواز کردن
startbaan (de)	bānd-e forudgāh	باند فرودگاه
zicht (het)	meydān did	میدان دید
vlucht (de)	parvāz	پرواز
hoogte (de)	ertefā'	ارتفاع
luchtzak (de)	čāle-ye havāyi	چاله هوایی
plaats (de)	jā	جا
koptelefoon (de)	guši	گوشی
tafeltje (het)	sini-ye tāšow	سینی تاشو
venster (het)	panjere	پنجره
gangpad (het)	rāhrow	راهرو

106. Trein

Nederlands	Transliteratie	Perzisch
trein (de)	qatār	قطار
elektrische trein (de)	qatār-e barqi	قطار برقی
sneltrein (de)	qatār-e sari'osseyr	قطارسریع السیر
diesellocomotief (de)	lokomotiv-e dizel	لوکوموتیو دیزل
stoomlocomotief (de)	lokomotiv-e boxar	لوکوموتیو بخار
rijtuig (het)	vāgon	واگن
restauratierijtuig (het)	vāgon-e resturān	واگن رستوران
rails (mv.)	reyl-hā	ریل ها
spoorweg (de)	rāh āhan	راه آهن
dwarsligger (de)	reyl-e band	ریل بند
perron (het)	sakku-ye rāh-āhan	سکوی راه آهن
spoor (het)	masir	مسیر
semafoor (de)	nešanar	نشانر
halte (bijv. kleine treinhalte)	istgāh	ایستگاه
machinist (de)	rānande	راننده
kruier (de)	bārbar	باربر
conducteur (de)	rāhnamā-ye qatār	راهنمای قطار
passagier (de)	mosāfer	مسافر
controleur (de)	kontorol či	کنترل چی
gang (in een trein)	rāhrow	راهرو
noodrem (de)	tormoz-e ezterāri	ترمز اضطراری
coupé (de)	kupe	کوپه
bed (slaapplaats)	taxt-e kupe	تخت کوپه
bovenste bed (het)	taxt-e bālā	تخت بالا
onderste bed (het)	taxt-e pāyin	تخت پایین
beddengoed (het)	raxt-e xāb	رخت خواب
kaartje (het)	belit	بلیط
dienstregeling (de)	barnāme	برنامه
informatiebord (het)	barnāme-ye zamāni	برنامه زمانی
vertrekken (De trein vertrekt ...)	tark kardan	ترک کردن
vertrek (ov. een trein)	harekat	حرکت
aankomen (ov. de treinen)	residan	رسیدن
aankomst (de)	vorud	ورود
aankomen per trein	bā qatār āmadan	با قطار آمدن
in de trein stappen	savār-e qatār šodan	سوار قطار شدن
uit de trein stappen	az qatār piyāde šodan	از قطار پیاده شدن
treinwrak (het)	sānehe	سانحه
ontspoord zijn	az xat xārej šodan	از خط خارج شدن
stoomlocomotief (de)	lokomotiv-e boxar	لوکوموتیو بخار
stoker (de)	ātaškār	آتشکار
stookplaats (de)	ātašdān	آتشدان
steenkool (de)	zoqāl sang	زغال سنگ

107. Schip

schip (het)	kešti	کشتی
vaartuig (het)	kešti	کشتی
stoomboot (de)	kešti-ye boxāri	کشتی بخاری
motorschip (het)	qāyeq-e rudxāne	قایق رودخانه
lijnschip (het)	kešti-ye tafrihi	کشتی تفریحی
kruiser (de)	razm nāv	رزم ناو
jacht (het)	qāyeq-e tafrihi	قایق تفریحی
sleepboot (de)	yadak keš	یدک کش
duwbak (de)	kešti-ye bārkeše yadaki	کشتی بارکش یدکی
ferryboot (de)	kešti-ye farābar	کشتی فرابر
zeilboot (de)	kešti-ye bādbāni	کشتی بادبانی
brigantijn (de)	košti dozdān daryā-yi	کشتی دزدان دریایی
ijsbreker (de)	kešti-ye yaxšekan	کشتی یخ شکن
duikboot (de)	zirdaryāyi	زیردریایی
boot (de)	qāyeq	قایق
sloep (de)	qāyeq-e tafrihi	قایق تفریحی
reddingssloep (de)	qāyeq-e nejāt	قایق نجات
motorboot (de)	qāyeq-e motori	قایق موتوری
kapitein (de)	kāpitān	کاپیتان
zeeman (de)	malavān	ملوان
matroos (de)	malavān	ملوان
bemanning (de)	xadame	خدمه
bootsman (de)	sar malavān	سر ملوان
scheepsjongen (de)	šāgerd-e malavān	شاگرد ملوان
kok (de)	āšpaz-e kešti	آشپز کشتی
scheepsarts (de)	pezešk-e kešti	پزشک کشتی
dek (het)	arše-ye kešti	عرشهٔ کشتی
mast (de)	dakal	دکل
zeil (het)	bādbān	بادبان
ruim (het)	anbār	انبار
voorsteven (de)	sine-ye kešti	سینه کشتی
achtersteven (de)	aqab kešti	عقب کشتی
roeispaan (de)	pāru	پارو
schroef (de)	parvāne	پروانه
kajuit (de)	otāq-e kešti	اتاق کشتی
officierskamer (de)	otāq-e afsarān	اتاق افسران
machinekamer (de)	motor xāne	موتور خانه
brug (de)	pol-e farmāndehi	پل فرماندهی
radiokamer (de)	kābin-e bisim	کابین بی سیم
radiogolf (de)	mowj	موج
logboek (het)	roxdād nāme	رخداد نامه
verrekijker (de)	teleskop	تلسکوپ
klok (de)	nāqus	ناقوس

vlag (de)	parčam	پرچم
kabel (de)	tanāb	طناب
knoop (de)	gereh	گره
leuning (de)	narde	نرده
trap (de)	pol	پل
anker (het)	langar	لنگر
het anker lichten	langar kešidan	لنگر کشیدن
het anker neerlaten	langar andāxtan	لنگر انداختن
ankerketting (de)	zanjir-e langar	زنجیر لنگر
haven (bijv. containerhaven)	bandar	بندر
kaai (de)	eskele	اسکله
aanleggen (ww)	pahlu gereftan	پهلو گرفتن
wegvaren (ww)	tark kardan	ترک کردن
reis (de)	mosāferat	مسافرت
cruise (de)	safar-e daryāyi	سفر دریایی
koers (de)	masir	مسیر
route (de)	masir	مسیر
vaarwater (het)	kešti-ye ru	کشتی رو
zandbank (de)	mahall-e kam omq	محل کم عمق
stranden (ww)	be gel nešastan	به گل نشستن
storm (de)	tufān	طوفان
signaal (het)	alāmat	علامت
zinken (ov. een boot)	qarq šodan	غرق شدن
Man overboord!	kas-i dar hāl-e qarq šodan-ast!	کسی در حال غرق شدن است!
SOS (noodsignaal)	sos	SOS
reddingsboei (de)	kamarband-e nejāt	کمربند نجات

108. Vliegveld

luchthaven (de)	forudgāh	فرودگاه
vliegtuig (het)	havāpeymā	هواپیما
luchtvaartmaatschappij (de)	šerkat-e havāpeymāyi	شرکت هواپیمایی
luchtverkeersleider (de)	ma'mur kontorol-e terāfik-e havāyi	مأمور کنترل ترافیک هوایی
vertrek (het)	azimat	عزیمت
aankomst (de)	vorud	ورود
aankomen (per vliegtuig)	residan	رسیدن
vertrektijd (de)	zamān-e parvāz	زمان پرواز
aankomstuur (het)	zamān-e vorud	زمان ورود
vertraagd zijn (ww)	ta'xir kardan	تأخیر کردن
vluchtvertraging (de)	ta'xir-e parvāz	تأخیر پرواز
informatiebord (het)	tāblo-ye ettelā'āt	تابلوی اطلاعات
informatie (de)	ettelā'āt	اطلاعات

aankondigen (ww)	e'lām kardan	اعلام کردن
vlucht (bijv. KLM ~)	parvāz	پرواز
douane (de)	gomrok	گمرک
douanier (de)	ma'mur-e gomrok	مأمور گمرک
douaneaangifte (de)	ežhār-nāme	اظهارنامه
invullen (douaneaangifte ~)	por kardan	پر کردن
een douaneaangifte invullen	ezhār-nāme rā por kardan	اظهارنامه را پر کردن
paspoortcontrole (de)	kontorol-e gozarnāme	کنترل گذرنامه
bagage (de)	bār	بار
handbagage (de)	bār-e dasti	بار دستی
bagagekarretje (het)	čarx-e hamle bar	چرخ حمل بار
landing (de)	forud	فرود
landingsbaan (de)	bānd-e forudgāh	باند فرودگاه
landen (ww)	nešastan	نشستن
vliegtuigtrap (de)	pellekān	پلکان
inchecken (het)	ček in	چک این
incheckbalie (de)	bāje-ye kontorol	باجه کنترل
inchecken (ww)	čekin kardan	چکاین کردن
instapkaart (de)	kārt-e parvāz	کارت پرواز
gate (de)	gi-yat xoruj	گیت خروج
transit (de)	terānzit	ترانزیت
wachten (ww)	montazer budan	منتظر بودن
wachtzaal (de)	tālār-e entezār	تالار انتظار
begeleiden (uitwuiven)	badraqe kardan	بدرقه کردن
afscheid nemen (ww)	xodāhāfezi kardan	خداحافظی کردن

Gebeurtenissen in het leven

109. Vakanties. Evenement

Nederlands	Transliteratie	Perzisch
feest (het)	jašn	جشن
nationale feestdag (de)	eyd-e melli	عید ملی
feestdag (de)	ruz-e jašn	روز جشن
herdenken (ww)	jašn gereftan	جشن گرفتن
gebeurtenis (de)	vāqe'e	واقعه
evenement (het)	ruydād	رویداد
banket (het)	ziyāfat	ضیافت
receptie (de)	ziyāfat	ضیافت
feestmaal (het)	jašn	جشن
verjaardag (de)	sālgard	سالگرد
jubileum (het)	sālgard	سالگرد
vieren (ww)	jašn gereftan	جشن گرفتن
Nieuwjaar (het)	sāl-e now	سال نو
Gelukkig Nieuwjaar!	sāl-e now mobārak	سال نو مبارک
Sinterklaas (de)	bābā noel	بابا نوئل
Kerstfeest (het)	kerismas	کریسمس
Vrolijk kerstfeest!	kerismas mobārak!	کریسمس مبارک!
kerstboom (de)	kāj kerismas	کاج کریسمس
vuurwerk (het)	ātaš-e bāzi	آتش بازی
bruiloft (de)	arusi	عروسی
bruidegom (de)	dāmād	داماد
bruid (de)	arus	عروس
uitnodigen (ww)	da'vat kardan	دعوت کردن
uitnodigingskaart (de)	da'vatnāme	دعوتنامه
gast (de)	mehmān	مهمان
op bezoek gaan	be mehmāni raftan	به مهمانی رفتن
gasten verwelkomen	az mehmānān esteqbāl kardan	از مهمانان استقبال کردن
geschenk, cadeau (het)	hedye	هدیه
geven (iets cadeau ~)	hadye dādan	هدیه دادن
geschenken ontvangen	hediye gereftan	هدیه گرفتن
boeket (het)	daste-ye gol	دسته گل
felicitaties (mv.)	tabrik	تبریک
feliciteren (ww)	tabrik goftan	تبریک گفتن
wenskaart (de)	kārt-e tabrik	کارت تبریک
een kaartje versturen	kārt-e tabrik ferestādan	کارت تبریک فرستادن

een kaartje ontvangen	kārt-e tabrik gereftan	کارت تبریک گرفتن
toast (de)	be salāmati-ye kas-i nušidan	به سلامتی کسی نوشیدن
aanbieden (een drankje ~)	pazirāyi kardan	پذیرایی کردن
champagne (de)	šāmpāyn	شامپاین
plezier hebben (ww)	šādi kardan	شادی کردن
plezier (het)	šādi	شادی
vreugde (de)	maserrat	مسرت
dans (de)	raqs	رقص
dansen (ww)	raqsidan	رقصیدن
wals (de)	raqs-e vāls	رقص والس
tango (de)	raqs tāngo	رقص تانگو

110. Begrafenissen. Begrafenis

kerkhof (het)	qabrestān	قبرستان
graf (het)	qabr	قبر
kruis (het)	salib	صلیب
grafsteen (de)	sang-e qabr	سنگ قبر
omheining (de)	hesār	حصار
kapel (de)	kelisā-ye kučak	کلیسای کوچک
dood (de)	marg	مرگ
sterven (ww)	mordan	مردن
overledene (de)	marhum	مرحوم
rouw (de)	azā	عزا
begraven (ww)	dafn kardan	دفن کردن
begrafenisonderneming (de)	xadamat-e kafno dafn	خدمات کفن و دفن
begrafenis (de)	tašyi-'e jenāze	تشییع جنازه
krans (de)	tāj-e gol	تاج گل
doodskist (de)	tābut	تابوت
lijkwagen (de)	na'š keš	نعش کش
lijkkleed (de)	kafan	کفن
begrafenisstoet (de)	tašyi-'e jenāze	تشییع جنازه
urn (de)	zarf-e xākestar-e morde	ظرف خاکستر مرده
crematorium (het)	morde suz xāne	مرده سوز خانه
overlijdensbericht (het)	āgahi-ye tarhim	آگهی ترحیم
huilen (wenen)	gerye kardan	گریه کردن
snikken (huilen)	zār zār gerye kardan	زار زار گریه کردن

111. Oorlog. Soldaten

peloton (het)	daste	دسته
compagnie (de)	goruhān	گروهان
regiment (het)	hang	هنگ
leger (armee)	arteš	ارتش

divisie (de)	laškar	لشكر
sectie (de)	daste	دسته
troep (de)	laškar	لشكر
soldaat (militair)	sarbāz	سرباز
officier (de)	afsar	افسر
soldaat (rang)	sarbāz	سرباز
sergeant (de)	goruhbān	گروهبان
luitenant (de)	sotvān	ستوان
kapitein (de)	kāpitān	کاپیتان
majoor (de)	sargord	سرگرد
kolonel (de)	sarhang	سرهنگ
generaal (de)	ženerāl	ژنرال
matroos (de)	malavān	ملوان
kapitein (de)	kāpitān	کاپیتان
bootsman (de)	sar malavān	سر ملوان
artillerist (de)	tupči	توپچی
valschermjager (de)	sarbāz-e čatrbāz	سرباز چترباز
piloot (de)	xalabān	خلبان
stuurman (de)	nāvbar	ناویر
mecanicien (de)	mekānik	مکانیک
sappeur (de)	mohandes estehkāmāt	مهندس استحکامات
parachutist (de)	čatr bāz	چترباز
verkenner (de)	ettelā'āti	اطلاعاتی
scherpschutter (de)	tak tir andāz	تک تیر انداز
patrouille (de)	gašt	گشت
patrouilleren (ww)	gašt zadan	گشت زدن
wacht (de)	negahbān	نگهبان
krijger (de)	jangju	جنگجو
patriot (de)	mihan parast	میهن پرست
held (de)	qahremān	قهرمان
heldin (de)	qahremān-e zan	قهرمان زن
verrader (de)	xāen	خائن
verraden (ww)	xiyānat kardan	خیانت کردن
deserteur (de)	farāri	فراری
deserteren (ww)	farāri budan	فراری بودن
huurling (de)	mozdur	مزدور
rekruut (de)	sarbāz-e jadid	سرباز جدید
vrijwilliger (de)	dāvtalab	داوطلب
gedode (de)	morde	مرده
gewonde (de)	zaxmi	زخمی
krijgsgevangene (de)	asir	اسیر

112. Oorlog. Militaire acties. Deel 1

oorlog (de)	jang	جنگ
oorlog voeren (ww)	jangidan	جنگیدن
burgeroorlog (de)	jang-e dāxeli	جنگ داخلی
achterbaks (bw)	xāenāne	خائنانه
oorlogsverklaring (de)	e'lān-e jang	اعلان جنگ
verklaren (de oorlog ~)	e'lān kardan	اعلان کردن
agressie (de)	tajāvoz	تجاوز
aanvallen (binnenvallen)	hamle kardan	حمله کردن
binnenvallen (ww)	tajāvoz kardan	تجاوز کردن
invaller (de)	tajāvozgar	تجاوزگر
veroveraar (de)	fāteh	فاتح
verdediging (de)	defā'	دفاع
verdedigen (je land ~)	defā' kardan	دفاع کردن
zich verdedigen (ww)	az xod defā' kardan	از خود دفاع کردن
vijand (de)	došman	دشمن
tegenstander (de)	moxālef	مخالف
vijandelijk (bn)	došman	دشمن
strategie (de)	rāhbord	راهبرد
tactiek (de)	tāktik	تاکتیک
order (de)	farmān	فرمان
bevel (het)	dastur	دستور
bevelen (ww)	farmān dādan	فرمان دادن
opdracht (de)	ma'muriyat	مأموریت
geheim (bn)	mahramāne	محرمانه
veldslag (de)	jang	جنگ
strijd (de)	nabard	نبرد
aanval (de)	hamle	حمله
bestorming (de)	yureš	یورش
bestormen (ww)	yureš bordan	یورش بردن
bezetting (de)	mohāsere	محاصره
aanval (de)	hamle	حمله
in het offensief te gaan	hamle kardan	حمله کردن
terugtrekking (de)	aqab nešini	عقب نشینی
zich terugtrekken (ww)	aqab nešini kardan	عقب نشینی کردن
omsingeling (de)	mohāsere	محاصره
omsingelen (ww)	mohāsere kardan	محاصره کردن
bombardement (het)	bombārān-e havāyi	بمباران هوایی
een bom gooien	bomb āndaxtan	بمب انداختن
bombarderen (ww)	bombārān kardan	بمباران کردن
ontploffing (de)	enfejār	انفجار
schot (het)	tirandāzi	تیراندازی

107

een schot lossen	tirandāzi kardan	تیراندازی کردن
schieten (het)	tirandāzi	تیراندازی
mikken op (ww)	nešāne raftan	نشانه رفتن
aanleggen (een wapen ~)	šellik kardan	شلیک کردن
treffen (doelwit ~)	residan	رسیدن
zinken (tot zinken brengen)	qarq šodan	غرق شدن
kogelgat (het)	surāx	سوراخ
zinken (gezonken zijn)	qarq šodan	غرق شدن
front (het)	jebhe	جبهه
evacuatie (de)	taxliye	تخلیه
evacueren (ww)	taxliye kardan	تخلیه کردن
loopgraaf (de)	sangar	سنگر
prikkeldraad (de)	sim-e xārdār	سیم خاردار
verdedigingsobstakel (het)	hesār	حصار
wachttoren (de)	borj	برج
hospitaal (het)	bimārestān-e nezāmi	بیمارستان نظامی
verwonden (ww)	majruh kardan	مجروح کردن
wond (de)	zaxm	زخم
gewonde (de)	zaxmi	زخمی
gewond raken (ww)	zaxmi šodan	زخمی شدن
ernstig (~e wond)	zaxm-e saxt	زخم سخت

113. Oorlog. Militaire acties. Deel 2

krijgsgevangenschap (de)	esārat	اسارت
krijgsgevangen nemen	be esārat gereftan	به اسارت گرفتن
krijgsgevangene zijn	dar esārat budan	در اسارت بودن
krijgsgevangen genomen worden	be esārat oftādan	به اسارت افتادن
concentratiekamp (het)	ordugāh-e kār-e ejbāri	اردوگاه کار اجباری
krijgsgevangene (de)	asir	اسیر
vluchten (ww)	farār kardan	فرار کردن
verraden (ww)	xiyānat kardan	خیانت کردن
verrader (de)	xāen	خائن
verraad (het)	xiyānat	خیانت
fusilleren (executeren)	tirbārān kardan	تیرباران کردن
executie (de)	tirbārān	تیرباران
uitrusting (de)	uniform	یونیفرم
schouderstuk (het)	daraje-ye sarduši	درجه سردوشی
gasmasker (het)	māsk-e zedd-e gāz	ماسک ضد گاز
portofoon (de)	dastgāh-e bisim	دستگاه بی سیم
geheime code (de)	ramz	رمز
samenzwering (de)	mahramāne budan	محرمانه بودن
wachtwoord (het)	ramz	رمز

mijn (landmijn)	min	مین
ondermijnen (legden mijnen)	min gozāštan	مین گذاشتن
mijnenveld (het)	meydān-e min	میدان مین
luchtalarm (het)	āžir-e havāyi	آژیر هوایی
alarm (het)	āžir	آژیر
signaal (het)	alāmat	علامت
vuurpijl (de)	monavvar	منور
staf (generale ~)	setād	ستاد
verkenning (de)	šenāsāyi	شناسایی
toestand (de)	vaz'iyat	وضعیت
rapport (het)	gozāreš	گزارش
hinderlaag (de)	kamin	کمین
versterking (de)	taqviyat	تقویت
doel (bewegend ~)	hadaf giri	هدف گیری
proefterrein (het)	meydān-e tir	میدان تیر
manoeuvres (mv.)	mānovr	مانور
paniek (de)	vahšat	وحشت
verwoesting (de)	xarābi	خرابی
verwoestingen (mv.)	xarābi-hā	خرابی ها
verwoesten (ww)	xarāb kardan	خراب کردن
overleven (ww)	zende māndan	زنده ماندن
ontwapenen (ww)	xal'-e selāh kardan	خلع سلاح کردن
behandelen (een pistool ~)	be kār bordan	به کار بردن
Geeft acht!	xabardār!	خبردار!
Op de plaats rust!	āzād!	آزاد!
heldendaad (de)	delāvari	دلاوری
eed (de)	sowgand	سوگند
zweren (een eed doen)	sowgand xordan	سوگند خوردن
decoratie (de)	pādāš	پاداش
onderscheiden	medāl dādan	مدال دادن
(een ereteken geven)		
medaille (de)	medāl	مدال
orde (de)	nešān	نشان
overwinning (de)	piruzi	پیروزی
verlies (het)	šekast	شکست
wapenstilstand (de)	ātaš bas	آتش بس
wimpel (vaandel)	parčam	پرچم
roem (de)	eftexār	افتخار
parade (de)	reže	رژه
marcheren (ww)	reže raftan	رژه رفتن

114. Wapens

wapens (mv.)	selāh	سلاح
vuurwapens (mv.)	aslahe-ye garm	اسلحهٔ گرم

koude wapens (mv.)	aslahe-ye sard	اسلحهٔ سرد
chemische wapens (mv.)	taslihāt-e šimiyāyi	تسلیحات شیمیایی
kern-, nucleair (bn)	haste i	هسته ای
kernwapens (mv.)	taslihāt-e hastei	تسلیحات هسته ای
bom (de)	bomb	بمب
atoombom (de)	bomb-e atomi	بمب اتمی
pistool (het)	kolt	کلت
geweer (het)	tofang	تفنگ
machinepistool (het)	mosalsal-e xodkār	مسلسل خودکار
machinegeweer (het)	mosalsal	مسلسل
loop (schietbuis)	sar-e lule-ye tofang	سر لوله تفنگ
loop (bijv. geweer met kortere ~)	lule-ye tofang	لوله تفنگ
kaliber (het)	kālibr	کالیبر
trekker (de)	māše	ماشه
korrel (de)	nešāne ravi	نشانه روی
magazijn (het)	xešāb	خشاب
geweerkolf (de)	qondāq	قنداق
granaat (handgranaat)	nārenjak	نارنجک
explosieven (mv.)	mādde-ye monfajere	مادهٔ منفجره
kogel (de)	golule	گلوله
patroon (de)	fešang	فشنگ
lading (de)	mohemmāt	مهمات
ammunitie (de)	mohemmāt	مهمات
bommenwerper (de)	bomb-afkan	بمب‌افکن
straaljager (de)	jangande	جنگنده
helikopter (de)	helikopter	هلیکوپتر
afweergeschut (het)	tup-e zedd-e havāyi	توپ ضد هوایی
tank (de)	tānk	تانک
kanon (tank met een ~ van 76 mm)	tup	توپ
artillerie (de)	tupxāne	توپخانه
kanon (het)	tofang	تفنگ
aanleggen (een wapen ~)	šellik kardan	شلیک کردن
projectiel (het)	xompāre	خمپاره
mortiergranaat (de)	xompāre	خمپاره
mortier (de)	xompāre andāz	خمپاره انداز
granaatscherf (de)	tarkeš	ترکش
duikboot (de)	zirdaryāyi	زیردریایی
torpedo (de)	eždar	اژدر
raket (de)	mušak	موشک
laden (geweer, kanon)	por kardan	پر کردن
schieten (ww)	tirandāzi kardan	تیراندازی کردن
richten op (mikken)	nešāne raftan	نشانه رفتن

bajonet (de)	sarneyze	سرنیزه
degen (de)	šamšir	شمشیر
sabel (de)	šamšir	شمشیر
speer (de)	neyze	نیزه
boog (de)	kamān	کمان
pijl (de)	tir	تیر
musket (de)	tofang fetile-i	تفنگ فتیله‌ای
kruisboog (de)	kamān zanburak-i	کمان زنبورکی

115. Oude mensen

primitief (bn)	avvaliye	اولیه
voorhistorisch (bn)	piš az tārix	پیش از تاریخ
eeuwenoude (~ beschaving)	qadimi	قدیمی
Steentijd (de)	asr-e hajar	عصر حجر
Bronstijd (de)	asr-e mafraq	عصر مفرغ
IJstijd (de)	dowre-ye yaxbandān	دورۀ یخبندان
stam (de)	qabile	قبیله
menseneter (de)	ādam xār	آدم خوار
jager (de)	šekārči	شکارچی
jagen (ww)	šekār kardan	شکار کردن
mammoet (de)	māmut	ماموت
grot (de)	qār	غار
vuur (het)	ātaš	آتش
kampvuur (het)	ātaš	آتش
rotstekening (de)	qār negāre	غار نگاره
werkinstrument (het)	abzār-e kār	ابزار کار
speer (de)	neyze	نیزه
stenen bijl (de)	tabar-e sangi	تبر سنگی
oorlog voeren (ww)	jangidan	جنگیدن
temmen (bijv. wolf ~)	rām kardan	رام کردن
idool (het)	bot	بت
aanbidden (ww)	parastidan	پرستیدن
bijgeloof (het)	xorāfe	خرافه
ritueel (het)	marāsem	مراسم
evolutie (de)	takāmol	تکامل
ontwikkeling (de)	pišraft	پیشرفت
verdwijning (de)	enqerāz	انقراض
zich aanpassen (ww)	sāzgār šodan	سازگار شدن
archeologie (de)	bāstān-šenāsi	باستان شناسی
archeoloog (de)	bāstān-šenās	باستان شناس
archeologisch (bn)	bāstān-šenāsi	باستان شناسی
opgravingsplaats (de)	mahall-e haffārihā	محل حفاری ها
opgravingen (mv.)	haffāri-hā	حفاری ها
vondst (de)	yāfteh	یافته
fragment (het)	qet'e	قطعه

116. Middeleeuwen

volk (het)	mellat	ملت
volkeren (mv.)	mellat-hā	ملت ها
stam (de)	qabile	قبیله
stammen (mv.)	qabāyel	قبایل

barbaren (mv.)	barbar-hā	بربر ها
Galliërs (mv.)	gul-hā	گول ها
Goten (mv.)	gat-hā	گت ها
Slaven (mv.)	eslāv-hā	اسلاو ها
Vikings (mv.)	vāyking-hā	وایکینگ ها

Romeinen (mv.)	rumi-hā	رومی ها
Romeins (bn)	rumi	رومی

Byzantijnen (mv.)	bizānsi-hā	بیزانسی ها
Byzantium (het)	bizāns	بیزانس
Byzantijns (bn)	bizānsi	بیزانسی

keizer (bijv. Romeinse ~)	emperātur	امپراطور
opperhoofd (het)	rahbar	رهبر
machtig (bn)	moqtader	مقتدر
koning (de)	šāh	شاه
heerser (de)	hākem	حاکم

ridder (de)	šovālie	شوالیه
feodaal (de)	feodāl	فئودال
feodaal (bn)	feodāli	فئودالی
vazal (de)	ra'yat	رعیت

hertog (de)	duk	دوک
graaf (de)	kont	کنت
baron (de)	bāron	بارون
bisschop (de)	osqof	اسقف

harnas (het)	zereh	زره
schild (het)	separ	سپر
zwaard (het)	šamšir	شمشیر
vizier (het)	labe-ye kolāh	لبه کلاه
maliënkolder (de)	jowšan	جوشن

kruistocht (de)	jang-e salibi	جنگ صلیبی
kruisvaarder (de)	jangju-ye salibi	جنگجوی صلیبی

gebied (bijv. bezette ~en)	qalamrow	قلمرو
aanvallen (binnenvallen)	hamle kardan	حمله کردن
veroveren (ww)	fath kardan	فتح کردن
innemen (binnenvallen)	ešqāl kardan	اشغال کردن

bezetting (de)	mohāsere	محاصره
belegerd (bn)	mahsur	محصور
belegeren (ww)	mohāsere kardan	محاصره کردن
inquisitie (de)	taftiš-e aqāyed	تفتیش عقاید
inquisiteur (de)	mofatteš	مفتش

foltering (de)	šekanje	شکنجه
wreed (bn)	bi rahm	بی رحم
ketter (de)	molhed	ملحد
ketterij (de)	ertedād	ارتداد
zeevaart (de)	daryānavardi	دریانوردی
piraat (de)	dozd-e daryāyi	دزد دریایی
piraterij (de)	dozdi-ye daryāyi	دزدی دریایی
enteren (het)	hamle ruye arše	حمله روی عرشه
buit (de)	qanimat	غنیمت
schatten (mv.)	ganj	گنج
ontdekking (de)	kašf	کشف
ontdekken (bijv. nieuw land)	kašf kardan	کشف کردن
expeditie (de)	safar	سفر
musketier (de)	tofangdār	تفنگدار
kardinaal (de)	kārdināl	کاردینال
heraldiek (de)	nešān-šenāsi	نشان شناسی
heraldisch (bn)	manquš	منقوش

117. Leider. Baas. Autoriteiten

koning (de)	šāh	شاه
koningin (de)	maleke	ملکه
koninklijk (bn)	šāhi	شاهی
koninkrijk (het)	pādšāhi	پادشاهی
prins (de)	šāhzāde	شاهزاده
prinses (de)	pranses	پرنسس
president (de)	ra'is jomhur	رئیس جمهور
vicepresident (de)	mo'āven-e rais-e jomhur	معاون رئیس جمهور
senator (de)	senātor	سناتور
monarch (de)	pādšāh	پادشاه
heerser (de)	hākem	حاکم
dictator (de)	diktātor	دیکتاتور
tiran (de)	zālem	ظالم
magnaat (de)	najib zāde	نجیب زاده
directeur (de)	modir	مدیر
chef (de)	ra'is	رئیس
beheerder (de)	modir	مدیر
baas (de)	ra'is	رئیس
eigenaar (de)	sāheb	صاحب
leider (de)	rahbar	رهبر
hoofd (bijv. ~ van de delegatie)	ra'is	رئیس
autoriteiten (mv.)	maqāmāt	مقامات
superieuren (mv.)	roasā	رؤسا
gouverneur (de)	farmāndār	فرماندار
consul (de)	konsul	کنسول

diplomaat (de)	diplomāt	دیپلمات
burgemeester (de)	šahrdār	شهردار
sheriff (de)	kalāntar	کلانتر
keizer (bijv. Romeinse ~)	emperātur	امپراطور
tsaar (de)	tezār	تزار
farao (de)	fer'own	فرعون
kan (de)	xān	خان

118. De wet overtreden. Criminelen. Deel 1

bandiet (de)	rāhzan	راهزن
misdaad (de)	jenāyat	جنایت
misdadiger (de)	jenāyatkār	جنایتکار
dief (de)	dozd	دزد
stelen (ww)	dozdidan	دزدیدن
stelen (de)	dozdi	دزدی
diefstal (de)	serqat	سرقت
kidnappen (ww)	ādam robudan	آدم ربودن
kidnapping (de)	ādam robāyi	آدم ربایی
kidnapper (de)	ādam robā	آدم ربا
losgeld (het)	bāj	باج
eisen losgeld (ww)	bāj xāstan	باج خواستن
overvallen (ww)	serqat kardan	سرقت کردن
overval (de)	serqat	سرقت
overvaller (de)	qāratgar	غارتگر
afpersen (ww)	axxāzi kardan	اخاذی کردن
afperser (de)	axxāz	اخاذ
afpersing (de)	axxāzi	اخاذی
vermoorden (ww)	koštan	کشتن
moord (de)	qatl	قتل
moordenaar (de)	qātel	قاتل
schot (het)	tirandāzi	تیراندازی
een schot lossen	tirandāzi kardan	تیراندازی کردن
neerschieten (ww)	bā tir zadan	با تیر زدن
schieten (ww)	tirandāzi kardan	تیراندازی کردن
schieten (het)	tirandāzi	تیراندازی
ongeluk (gevecht, enz.)	vāqe'e	واقعه
gevecht (het)	zad-o xord	زد و خورد
Help!	komak!	کمک!
slachtoffer (het)	qorbāni	قربانی
beschadigen (ww)	xesārat resāndan	خسارت رساندن
schade (de)	xesārat	خسارت
lijk (het)	jasad	جسد
zwaar (~ misdrijf)	vaxim	وخیم

aanvallen (ww)	hamle kardan	حمله کردن
slaan (iemand ~)	zadan	زدن
in elkaar slaan (toetakelen)	kotak zadan	کتک زدن
ontnemen (beroven)	bezur gereftan	به زور گرفتن
steken (met een mes)	čāqu zadan	چاقو زدن
verminken (ww)	ma'yub kardan	معیوب کردن
verwonden (ww)	majruh kardan	مجروح کردن
chantage (de)	šāntāž	شانتاژ
chanteren (ww)	axxāzi kardan	اخاذی کردن
chanteur (de)	axxāz	اخاذ
afpersing (de)	axxāzi	اخاذی
afperser (de)	axxāz	اخاذ
gangster (de)	gāngester	گانگستر
maffia (de)	māfiyā	مافیا
kruimeldief (de)	jib bor	جیب بر
inbreker (de)	sāreq	سارق
smokkelen (het)	qāčāq	قاچاق
smokkelaar (de)	qāčāqči	قاچاقچی
namaak (de)	qollābi	قلابی
namaken (ww)	ja'l kardan	جعل کردن
namaak-, vals (bn)	ja'li	جعلی

119. De wet overtreden. Criminelen. Deel 2

verkrachting (de)	tajāvoz be nāmus	تجاوز به ناموس
verkrachten (ww)	tajāvoz kardan	تجاوز کردن
verkrachter (de)	zenā konande	زنا کننده
maniak (de)	majnun	مجنون
prostituee (de)	fāheše	فاحشه
prostitutie (de)	fāhešegi	فاحشگی
pooier (de)	jākeš	جاکش
drugsverslaafde (de)	mo'tād	معتاد
drugshandelaar (de)	forušande-ye mavādd-e moxadder	فروشندۀ مواد مخدر
opblazen (ww)	monfajer kardan	منفجر کردن
explosie (de)	enfejār	انفجار
in brand steken (ww)	ātaš zadan	آتش زدن
brandstichter (de)	ātaš afruz	آتش افروز
terrorisme (het)	terorism	تروریسم
terrorist (de)	terorist	تروریست
gijzelaar (de)	gerowgān	گروگان
bedriegen (ww)	farib dādan	فریب دادن
bedrog (het)	farib	فریب
oplichter (de)	hoqqe bāz	حقه باز
omkopen (ww)	rešve dādan	رشوه دادن

omkoperij (de)	rešve	رشوه
smeergeld (het)	rešve	رشوه
vergif (het)	zahr	زهر
vergiftigen (ww)	masmum kardan	مسموم کردن
vergif innemen (ww)	masmum šodan	مسموم شدن
zelfmoord (de)	xod-koši	خودکشی
zelfmoordenaar (de)	xod-koši konande	خودکشی کننده
bedreigen (bijv. met een pistool)	tahdid kardan	تهدید کردن
bedreiging (de)	tahdid	تهدید
een aanslag plegen	su'-e qasd kardan	سوء قصد کردن
aanslag (de)	su'-e qasd	سوء قصد
stelen (een auto)	robudan	ربودن
kapen (een vliegtuig)	havāpeymā robāyi	هواپیما ربایی
wraak (de)	enteqām	انتقام
wreken (ww)	enteqām gereftan	انتقام گرفتن
martelen (gevangenen)	šekanje dādan	شکنجه دادن
foltering (de)	šekanje	شکنجه
folteren (ww)	aziyat kardan	اذیت کردن
piraat (de)	dozd-e daryāyi	دزد دریایی
straatschender (de)	owbāš	اوباش
gewapend (bn)	mosallah	مسلح
geweld (het)	xošunat	خشونت
onwettig (strafbaar)	qeyr-e qānuni	غیر قانونی
spionage (de)	jāsusi	جاسوسی
spioneren (ww)	jāsusi kardan	جاسوسی کردن

120. Politie. Wet. Deel 1

justitie (de)	edālat	عدالت
gerechtshof (het)	dādgāh	دادگاه
rechter (de)	qāzi	قاضی
jury (de)	hey'at-e monsefe	هیئت منصفه
juryrechtspraak (de)	hey'at-e monsefe	هیئت منصفه
berechten (ww)	mohākeme kardan	محاکمه کردن
advocaat (de)	vakil	وکیل
beklaagde (de)	mottaham	متهم
beklaagdenbank (de)	jāygāh-e mottaham	جایگاه متهم
beschuldiging (de)	ettehām	اتهام
beschuldigde (de)	mottaham	متهم
vonnis (het)	hokm	حکم
veroordelen (in een rechtszaak)	mahkum kardan	محکوم کردن

schuldige (de)	moqasser	مقصر
straffen (ww)	mojāzāt kardan	مجازات کردن
bestraffing (de)	mojāzāt	مجازات
boete (de)	jarime	جریمه
levenslange opsluiting (de)	habs-e abad	حبس ابد
doodstraf (de)	e'dām	اعدام
elektrische stoel (de)	sandali-ye barqi	صندلی برقی
schavot (het)	čube-ye dār	چوبه دار
executeren (ww)	e'dām kardan	اعدام کردن
executie (de)	e'dām	اعدام
gevangenis (de)	zendān	زندان
cel (de)	sellul-e zendān	سلول زندان
konvooi (het)	eskort	اسکورت
gevangenisbewaker (de)	negahbān zendān	نگهبان زندان
gedetineerde (de)	zendāni	زندانی
handboeien (mv.)	dastband	دستبند
handboeien omdoen	dastband zadan	دستبند زدن
ontsnapping (de)	farār	فرار
ontsnappen (ww)	farār kardan	فرار کردن
verdwijnen (ww)	nāpadid šodan	ناپدید شدن
vrijlaten (uit de gevangenis)	āzād kardan	آزاد کردن
amnestie (de)	afv-e omumi	عفو عمومی
politie (de)	polis	پلیس
politieagent (de)	polis	پلیس
politiebureau (het)	kalāntari	کلانتری
knuppel (de)	bātum	باتوم
megafoon (de)	bolandgu	بلندگو
patrouilleerwagen (de)	māšin-e gašt	ماشین گشت
sirene (de)	āžir-e xatar	آژیر خطر
de sirene aansteken	āžir rā rowšan kardan	آژیررا روشن کردن
geloei (het) van de sirene	sedā-ye āžir	صدای آژیر
plaats delict (de)	mahall-e jenāyat	محل جنایت
getuige (de)	šāhed	شاهد
vrijheid (de)	āzādi	آزادی
handlanger (de)	hamdast	همدست
ontvluchten (ww)	maxfi šodan	مخفی شدن
spoor (het)	rad	رد

121. Politie. Wet. Deel 2

opsporing (de)	jostoju	جستجو
opsporen (ww)	jostoju kardan	جستجو کردن
verdenking (de)	šok	شک
verdacht (bn)	maškuk	مشکوک
aanhouden (stoppen)	motevaghef kardan	متوقف کردن

tegenhouden (ww)	dastgir kardan	دستگیر کردن
strafzaak (de)	parvande	پرونده
onderzoek (het)	tahqiq	تحقیق
detective (de)	kārāgāh	کارآگاه
onderzoeksrechter (de)	bāzpors	بازپرس
versie (de)	farziye	فرضیه
motief (het)	angize	انگیزه
verhoor (het)	bāzporsi	بازپرسی
ondervragen (door de politie)	bāzporsi kardan	بازپرسی کردن
ondervragen (omstanders ~)	estentāq kardan	استنطاق کردن
controle (de)	taftiš	تفتیش
razzia (de)	mohāsere	محاصره
huiszoeking (de)	taftiš	تفتیش
achtervolging (de)	ta'qib	تعقیب
achtervolgen (ww)	ta'qib kardan	تعقیب کردن
opsporen (ww)	donbāl kardan	دنبال کردن
arrest (het)	bāzdāšt	بازداشت
arresteren (ww)	bāzdāšt kardan	بازداشت کردن
vangen, aanhouden (een dief, enz.)	dastgir kardan	دستگیر کردن
aanhouding (de)	dastgiri	دستگیری
document (het)	sanad	سند
bewijs (het)	esbāt	اثبات
bewijzen (ww)	esbāt kardan	اثبات کردن
voetspoor (het)	rad-e pā	رد پا
vingerafdrukken (mv.)	asar-e angošt	اثر انگشت
bewijs (het)	šavāhed	شواهد
alibi (het)	ozr-e qeybat	عذر غیبت
onschuldig (bn)	bi gonāh	بی گناه
onrecht (het)	bi edālati	بی عدالتی
onrechtvaardig (bn)	qeyr-e ādelāne	غیر عادلانه
crimineel (bn)	jenāyi	جنایی
confisqueren (in beslag nemen)	mosādere kardan	مصادره کردن
drug (de)	mavādd-e moxadder	مواد مخدر
wapen (het)	selāh	سلاح
ontwapenen (ww)	xal'-e selāh kardan	خلع سلاح کردن
bevelen (ww)	farmān dādan	فرمان دادن
verdwijnen (ww)	nāpadid šodan	ناپدید شدن
wet (de)	qānun	قانون
wettelijk (bn)	qānuni	قانونی
onwettelijk (bn)	qeyr-e qānuni	غیر قانونی
verantwoordelijkheid (de)	mas'uliyat	مسئولیت
verantwoordelijk (bn)	mas'ul	مسئول

NATUUR

De Aarde. Deel 1

122. De kosmische ruimte

kosmos (de)	fazā	فضا
kosmisch (bn)	fazāyi	فضایی
kosmische ruimte (de)	fazā-ye keyhān	فضای کیهان
wereld (de)	jahān	جهان
heelal (het)	giti	گیتی
sterrenstelsel (het)	kahkešān	کهکشان
ster (de)	setāre	ستاره
sterrenbeeld (het)	surat-e falaki	صورت فلکی
planeet (de)	sayyāre	سیاره
satelliet (de)	māhvāre	ماهواره
meteoriet (de)	sang-e āsmāni	سنگ آسمانی
komeet (de)	setāre-ye donbāle dār	ستارۀ دنباله دار
asteroïde (de)	šahāb	شهاب
baan (de)	madār	مدار
draaien (om de zon, enz.)	gardidan	گردیدن
atmosfeer (de)	jav	جو
Zon (de)	āftāb	آفتاب
zonnestelsel (het)	manzume-ye šamsi	منظومه شمسی
zonsverduistering (de)	kosuf	کسوف
Aarde (de)	zamin	زمین
Maan (de)	māh	ماه
Mars (de)	merrix	مریخ
Venus (de)	zahre	زهره
Jupiter (de)	moštari	مشتری
Saturnus (de)	zohal	زحل
Mercurius (de)	atārod	عطارد
Uranus (de)	orānus	اورانوس
Neptunus (de)	nepton	نپتون
Pluto (de)	poloton	پلوتون
Melkweg (de)	kahkešān rāh-e širi	کهکشان راه شیری
Grote Beer (de)	dobb-e akbar	دب اکبر
Poolster (de)	setāre-ye qotbi	ستاره قطبی
marsmannetje (het)	merrixi	مریخی
buitenaards wezen (het)	farā zamini	فرا زمینی

bovenaards (het)	mowjud fazāyi	موجود فضایی
vliegende schotel (de)	bošqāb-e parande	بشقاب پرنده
ruimtevaartuig (het)	fazā peymā	فضا پیما
ruimtestation (het)	istgāh-e fazāyi	ایستگاه فضایی
start (de)	rāh andāzi	راه اندازی
motor (de)	motor	موتور
straalpijp (de)	nāzel	نازل
brandstof (de)	suxt	سوخت
cabine (de)	kābin	کابین
antenne (de)	ānten	آنتن
patrijspoort (de)	panjere	پنجره
zonnebatterij (de)	bātri-ye xoršidi	باطری خورشیدی
ruimtepak (het)	lebās-e fazānavardi	لباس فضانوردی
gewichtloosheid (de)	bi vazni	بی وزنی
zuurstof (de)	oksižen	اکسیژن
koppeling (de)	vasl	وصل
koppeling maken	vasl kardan	وصل کردن
observatorium (het)	rasadxāne	رصدخانه
telescoop (de)	teleskop	تلسکوپ
waarnemen (ww)	mošāhede kardan	مشاهده کردن
exploreren (ww)	kašf kardan	کشف کردن

123. De Aarde

Aarde (de)	zamin	زمین
aardbol (de)	kare-ye zamin	کرهٔ زمین
planeet (de)	sayyāre	سیاره
atmosfeer (de)	jav	جو
aardrijkskunde (de)	joqrāfiyā	جغرافیا
natuur (de)	tabi'at	طبیعت
wereldbol (de)	kare-ye joqrāfiyāyi	کرهٔ جغرافیایی
kaart (de)	naqše	نقشه
atlas (de)	atlas	اطلس
Europa (het)	orupā	اروپا
Azië (het)	āsiyā	آسیا
Afrika (het)	āfriqā	آفریقا
Australië (het)	ostorāliyā	استرالیا
Amerika (het)	emrikā	امریکا
Noord-Amerika (het)	emrikā-ye šomāli	امریکای شمالی
Zuid-Amerika (het)	emrikā-ye jonubi	امریکای جنوبی
Antarctica (het)	qotb-e jonub	قطب جنوب
Arctis (de)	qotb-e šomāl	قطب شمال

124. Windrichtingen

noorden (het)	šomāl	شمال
naar het noorden	be šomāl	به شمال
in het noorden	dar šomāl	در شمال
noordelijk (bn)	šomāli	شمالی
zuiden (het)	jonub	جنوب
naar het zuiden	be jonub	به جنوب
in het zuiden	dar jonub	در جنوب
zuidelijk (bn)	jonubi	جنوبی
westen (het)	qarb	غرب
naar het westen	be qarb	به غرب
in het westen	dar qarb	در غرب
westelijk (bn)	qarbi	غربی
oosten (het)	šarq	شرق
naar het oosten	be šarq	به شرق
in het oosten	dar šarq	در شرق
oostelijk (bn)	šarqi	شرقی

125. Zee. Oceaan

zee (de)	daryā	دریا
oceaan (de)	oqyānus	اقیانوس
golf (baai)	xalij	خلیج
straat (de)	tange	تنگه
grond (vaste grond)	zamin	زمین
continent (het)	qāre	قاره
eiland (het)	jazire	جزیره
schiereiland (het)	šeb-e jazire	شبه جزیره
archipel (de)	majma'-ol-jazāyer	مجمع‌الجزایر
baai, bocht (de)	xalij-e kučak	خلیج کوچک
haven (de)	langargāh	لنگرگاه
lagune (de)	mordāb	مرداب
kaap (de)	damāqe	دماغه
atol (de)	jazire-ye marjāni	جزیره مرجانی
rif (het)	tappe-ye daryāyi	تپه دریایی
koraal (het)	marjān	مرجان
koraalrif (het)	tappe-ye marjāni	تپه مرجانی
diep (bn)	amiq	عمیق
diepte (de)	omq	عمق
diepzee (de)	partgāh	پرتگاه
trog (bijv. Marianentrog)	derāz godāl	درازگودال
stroming (de)	jaryān	جریان
omspoelen (ww)	ehāte kardan	احاطه کردن

oever (de)	sāhel	ساحل
kust (de)	sāhel	ساحل
vloed (de)	mod	مد
eb (de)	jazr	جزر
ondiepte (ondiep water)	sāhel-e šeni	ساحل شنی
bodem (de)	qa'r	قعر
golf (hoge ~)	mowj	موج
golfkam (de)	nok	نوک
schuim (het)	kaf	کف
storm (de)	tufān-e daryāyi	طوفان دریایی
orkaan (de)	tufān	طوفان
tsunami (de)	sonāmi	سونامی
windstilte (de)	sokun-e daryā	سکون دریا
kalm (bijv. ~e zee)	ārām	آرام
pool (de)	qotb	قطب
polair (bn)	qotbi	قطبی
breedtegraad (de)	arz-e joqrāfiyāyi	عرض جغرافیایی
lengtegraad (de)	tul-e joqrāfiyāyi	طول جغرافیایی
parallel (de)	movāzi	موازی
evenaar (de)	xatt-e ostavā	خط استوا
hemel (de)	āsemān	آسمان
horizon (de)	ofoq	افق
lucht (de)	havā	هوا
vuurtoren (de)	fānus-e daryāyi	فانوس دریایی
duiken (ww)	širje raftan	شیرجه رفتن
zinken (ov. een boot)	qarq šodan	غرق شدن
schatten (mv.)	ganj	گنج

126. Namen van zeeën en oceanen

Atlantische Oceaan (de)	oqyānus-e atlas	اقیانوس اطلس
Indische Oceaan (de)	oqyānus-e hend	اقیانوس هند
Stille Oceaan (de)	oqyānus-e ārām	اقیانوس آرام
Noordelijke IJszee (de)	oqyānus-e monjamed-e šomāli	اقیانوس منجمد شمالی
Zwarte Zee (de)	daryā-ye siyāh	دریای سیاه
Rode Zee (de)	daryā-ye sorx	دریای سرخ
Gele Zee (de)	daryā-ye zard	دریای زرد
Witte Zee (de)	daryā-ye sefid	دریای سفید
Kaspische Zee (de)	daryā-ye xazar	دریای خزر
Dode Zee (de)	daryā-ye morde	دریای مرده
Middellandse Zee (de)	daryā-ye meditarāne	دریای مدیترانه
Egeïsche Zee (de)	daryā-ye eže	دریای اژه
Adriatische Zee (de)	daryā-ye ādriyātik	دریای آدریاتیک

Arabische Zee (de)	daryā-ye arab	دریای عرب
Japanse Zee (de)	daryā-ye žāpon	دریای ژاپن
Beringzee (de)	daryā-ye brinq	دریای برینگ
Zuid-Chinese Zee (de)	daryā-ye čin-e jonubi	دریای چین جنوبی
Koraalzee (de)	daryā-ye marjān	دریای مرجان
Tasmanzee (de)	daryā-ye tās-emān	دریای تاسمان
Caribische Zee (de)	daryā-ye kārāib	دریای کارائیب
Barentszzee (de)	daryā-ye barntz	دریای بارنتز
Karische Zee (de)	daryā-ye kārā	دریای کارا
Noordzee (de)	daryā-ye šomāl	دریای شمال
Baltische Zee (de)	daryā-ye bāltik	دریای بالتیک
Noorse Zee (de)	daryā-ye norvež	دریای نروژ

127. Bergen

berg (de)	kuh	کوه
bergketen (de)	rešte-ye kuh	رشته کوه
gebergte (het)	selsele-ye jebāl	سلسله جبال
bergtop (de)	qolle	قله
bergpiek (de)	qolle	قله
voet (ov. de berg)	dāmane-ye kuh	دامنۀ کوه
helling (de)	šib	شیب
vulkaan (de)	ātaš-fešān	آتشفشان
actieve vulkaan (de)	ātaš-fešān-e fa'āl	آتش فشان فعال
uitgedoofde vulkaan (de)	ātaš-fešān-e xāmuš	آتش فشان خاموش
uitbarsting (de)	favarān	فوران
krater (de)	dahāne-ye ātašfešān	دهانۀ آتش فشان
magma (het)	māgmā	ماگما
lava (de)	godāze	گدازه
gloeiend (~e lava)	godāxte	گداخته
kloof (canyon)	tange	تنگ
bergkloof (de)	darre-ye tang	درۀ تنگ
spleet (de)	tange	تنگ
afgrond (de)	partgāh	پرتگاه
bergpas (de)	gozargāh	گذرگاه
plateau (het)	falāt	فلات
klip (de)	saxre	صخره
heuvel (de)	tappe	تپه
gletsjer (de)	yaxčāl	یخچال
waterval (de)	ābšār	آبشار
geiser (de)	češme-ye āb-e garm	چشمۀ آب گرم
meer (het)	daryāče	دریاچه
vlakte (de)	jolge	جلگه
landschap (het)	manzare	منظره

echo (de)	en'ekās-e sowt	انعکاس صوت
alpinist (de)	kuhnavard	کوهنورد
bergbeklimmer (de)	saxre-ye navard	صخره نورد
trotseren (berg ~)	fath kardan	فتح کردن
beklimming (de)	so'ud	صعود

128. Bergen namen

Alpen (de)	ālp	آلپ
Mont Blanc (de)	moan belān	مون بلان
Pyreneeën (de)	pirene	پیرنه
Karpaten (de)	kuhhā-ye kārpāt	کوههای کارپات
Oeralgebergte (het)	kuhe-i orāl	کوههای اورال
Kaukasus (de)	qafqāz	قفقاز
Elbroes (de)	alborz	البرز
Altaj (de)	āltāy	آلتای
Tiensjan (de)	tiyān šān	تیان شان
Pamir (de)	pāmir	پامیر
Himalaya (de)	himāliyā-vo	هیمالیا
Everest (de)	everest	اورست
Andes (de)	ānd	آند
Kilimanjaro (de)	kelimānjāro	کلیمانجارو

129. Rivieren

rivier (de)	rudxāne	رودخانه
bron (~ van een rivier)	češme	چشمه
rivierbedding (de)	bastar	بستر
rivierbekken (het)	howze	حوضه
uitmonden in ...	rixtan	ریختن
zijrivier (de)	enše'āb	انشعاب
oever (de)	sāhel	ساحل
stroming (de)	jaryān	جریان
stroomafwaarts (bw)	be samt-e pāin-e rudxāne	به سمت پائین رودخانه
stroomopwaarts (bw)	be samt-e bālā-ye rudxāne	به سمت بالای رودخانه
overstroming (de)	seyl	سیل
overstroming (de)	toqyān	طغیان
buiten zijn oevers treden	toqyān kardan	طغیان کردن
overstromen (ww)	toqyān kardan	طغیان کردن
zandbank (de)	tangāb	تنگاب
stroomversnelling (de)	tondāb	تندآب
dam (de)	sad	سد
kanaal (het)	kānāl	کانال
spaarbekken (het)	maxzan-e āb	مخزن آب

sluis (de)	ābgir	آبگیر
waterlichaam (het)	maxzan-e āb	مخزن آب
moeras (het)	bātlāq	باتلاق
broek (het)	lajan zār	لجن زار
draaikolk (de)	gerdāb	گرداب
stroom (de)	ravad	رود
drink- (abn)	āšāmidani	آشامیدنی
zoet (~ water)	širin	شیرین
ijs (het)	yax	یخ
bevriezen (rivier, enz.)	yax bastan	یخ بستن

130. Namen van rivieren

Seine (de)	sen	سن
Loire (de)	lavār	لوآر
Theems (de)	timz	تیمز
Rijn (de)	rāyn	راین
Donau (de)	dānub	دانوب
Wolga (de)	volgā	ولگا
Don (de)	don	دن
Lena (de)	lenā	لنا
Gele Rivier (de)	rud-e zard	رود زرد
Blauwe Rivier (de)	yāng tese	یانگ تسه
Mekong (de)	mekung	مکونگ
Ganges (de)	gong	گنگ
Nijl (de)	neyl	نیل
Kongo (de)	kongo	کنگو
Okavango (de)	okavango	اوکاوانگو
Zambezi (de)	zāmbezi	زامبزی
Limpopo (de)	rud-e limpupu	رود لیمپوپو
Mississippi (de)	mi si si pi	می سی سی پی

131. Bos

bos (het)	jangal	جنگل
bos- (abn)	jangali	جنگلی
oerwoud (dicht bos)	jangal-e anbuh	جنگل انبوه
bosje (klein bos)	biše	بیشه
open plek (de)	marqzār	مرغزار
struikgewas (het)	biše-hā	بیشه ها
struiken (mv.)	bute zār	بوته زار
paadje (het)	kure-ye rāh	کوره راه
ravijn (het)	darre	دره

boom (de)	deraxt	درخت
blad (het)	barg	برگ
gebladerte (het)	šāx-o barg	شاخ و برگ
vallende bladeren (mv.)	barg rizi	برگ ریزی
vallen (ov. de bladeren)	rixtan	ریختن
boomtop (de)	nok	نوک
tak (de)	šāxe	شاخه
ent (de)	šāxe	شاخه
knop (de)	šokufe	شکوفه
naald (de)	suzan	سوزن
dennenappel (de)	maxrut-e kāj	مخروط کاج
boom holte (de)	surāx	سوراخ
nest (het)	lāne	لانه
hol (het)	lāne	لانه
stam (de)	tane	تنه
wortel (bijv. boom~s)	riše	ریشه
schors (de)	pust	پوست
mos (het)	xaze	خزه
ontwortelen (een boom)	rišekan kardan	ریشه کن کردن
kappen (een boom ~)	boridan	بریدن
ontbossen (ww)	boridan	بریدن
stronk (de)	kande-ye deraxt	کندۀ درخت
kampvuur (het)	ātaš	آتش
bosbrand (de)	ātaš suzi	آتش سوزی
blussen (ww)	xāmuš kardan	خاموش کردن
boswachter (de)	jangal bān	جنگل بان
bescherming (de)	mohāfezat	محافظت
beschermen (bijv. de natuur ~)	mohāfezat kardan	محافظت کردن
stroper (de)	šekārči-ye qeyr-e qānuni	شکارچی غیر قانونی
val (de)	tale	تله
plukken (vruchten, enz.)	čidan	چیدن
verdwalen (de weg kwijt zijn)	gom šodan	گم شدن

132. Natuurlijke hulpbronnen

natuurlijke rijkdommen (mv.)	manābe-'e tabii	منابع طبیعی
delfstoffen (mv.)	mavādd-e ma'dani	مواد معدنی
lagen (mv.)	tah nešast	ته نشست
veld (bijv. olie~)	meydān	میدان
winnen (uit erts ~)	estexrāj kardan	استخراج کردن
winning (de)	estexrāj	استخراج
erts (het)	sang-e ma'dani	سنگ معدنی
mijn (bijv. kolenmijn)	ma'dan	معدن
mijnschacht (de)	ma'dan	معدن

mijnwerker (de)	ma'danči	معدنچی
gas (het)	gāz	گاز
gasleiding (de)	lule-ye gāz	لولهٔ گاز
olie (aardolie)	naft	نفت
olieleiding (de)	lule-ye naft	لولهٔ نفت
oliebron (de)	čāh-e naft	چاه نفت
boortoren (de)	dakal-e haffāri	دکل حفاری
tanker (de)	tānker	تانکر
zand (het)	šen	شن
kalksteen (de)	sang-e āhak	سنگ آهک
grind (het)	sangrize	سنگریزه
veen (het)	turb	تورب
klei (de)	xāk-e ros	خاک رس
steenkool (de)	zoqāl sang	زغال سنگ
ijzer (het)	āhan	آهن
goud (het)	talā	طلا
zilver (het)	noqre	نقره
nikkel (het)	nikel	نیکل
koper (het)	mes	مس
zink (het)	ruy	روی
mangaan (het)	mangenez	منگنز
kwik (het)	jive	جیوه
lood (het)	sorb	سرب
mineraal (het)	mādde-ye ma'dani	مادهٔ معدنی
kristal (het)	bolur	بلور
marmer (het)	marmar	مرمر
uraan (het)	orāniyom	اورانیوم

De Aarde. Deel 2

133. Weer

weer (het)	havā	هوا
weersvoorspelling (de)	piš bini havā	پیش بینی هوا
temperatuur (de)	damā	دما
thermometer (de)	damāsanj	دماسنج
barometer (de)	havāsanj	هواسنج
vochtig (bn)	martub	مرطوب
vochtigheid (de)	rotubat	رطوبت
hitte (de)	garmā	گرما
heet (bn)	dāq	داغ
het is heet	havā xeyli garm ast	هوا خیلی گرم است
het is warm	havā garm ast	هوا گرم است
warm (bn)	garm	گرم
het is koud	sard ast	سرد است
koud (bn)	sard	سرد
zon (de)	āftāb	آفتاب
schijnen (de zon)	tābidan	تابیدن
zonnig (~e dag)	āftābi	آفتابی
opgaan (ov. de zon)	tolu' kardan	طلوع کردن
ondergaan (ww)	qorob kardan	غروب کردن
wolk (de)	abr	ابر
bewolkt (bn)	abri	ابری
regenwolk (de)	abr-e bārānzā	ابر باران زا
somber (bn)	tire	تیره
regen (de)	bārān	باران
het regent	bārān mibārad	باران می بارد
regenachtig (bn)	bārāni	بارانی
motregenen (ww)	nam-nam bāridan	نم نم باریدن
plensbui (de)	bārān šodid	باران شدید
stortbui (de)	ragbār	رگبار
hard (bn)	šadid	شدید
plas (de)	čāle	چاله
nat worden (ww)	xis šodan	خیس شدن
mist (de)	meh	مه
mistig (bn)	meh ālud	مه آلود
sneeuw (de)	barf	برف
het sneeuwt	barf mibārad	برف می بارد

134. Zwaar weer. Natuurrampen

noodweer (storm)	tufān	طوفان
bliksem (de)	barq	برق
flitsen (ww)	barq zadan	برق زدن
donder (de)	ra'd	رعد
donderen (ww)	qorridan	غریدن
het dondert	ra'd mizanad	رعد می زند
hagel (de)	tagarg	تگرگ
het hagelt	tagarg mibārad	تگرگ می بارد
overstromen (ww)	toqyān kardan	طغیان کردن
overstroming (de)	seyl	سیل
aardbeving (de)	zamin-larze	زمین لرزه
aardschok (de)	tekān	تکان
epicentrum (het)	kānun-e zaminlarze	کانون زمین لرزه
uitbarsting (de)	favarān	فوران
lava (de)	godāze	گدازه
wervelwind, windhoos (de)	gerdbād	گردباد
tyfoon (de)	tufān	طوفان
orkaan (de)	tufān	طوفان
storm (de)	tufān	طوفان
tsunami (de)	sonāmi	سونامی
cycloon (de)	gerdbād	گردباد
onweer (het)	havā-ye bad	هوای بد
brand (de)	ātaš suzi	آتش سوزی
ramp (de)	balā-ye tabi'i	بلای طبیعی
meteoriet (de)	sang-e āsmāni	سنگ آسمانی
lawine (de)	bahman	بهمن
sneeuwverschuiving (de)	bahman	بهمن
sneeuwjacht (de)	kulāk	کولاک
sneeuwstorm (de)	barf-o burān	برف و بوران

Fauna

135. Zoogdieren. Roofdieren

roofdier (het)	heyvān-e darande	حیوان درنده
tijger (de)	bebar	ببر
leeuw (de)	šir	شیر
wolf (de)	gorg	گرگ
vos (de)	rubāh	روباه
jaguar (de)	jagvār	جگوار
luipaard (de)	palang	پلنگ
jachtluipaard (de)	yuzpalang	یوزپلنگ
panter (de)	palang-e siyāh	پلنگ سیاه
poema (de)	yuzpalang	یوزپلنگ
sneeuwluipaard (de)	palang-e barfi	پلنگ برفی
lynx (de)	siyāh guš	سیاه گوش
coyote (de)	gorg-e sahrāyi	گرگ صحرایی
jakhals (de)	šoqāl	شغال
hyena (de)	kaftār	کفتار

136. Wilde dieren

dier (het)	heyvān	حیوان
beest (het)	heyvān	حیوان
eekhoorn (de)	sanjāb	سنجاب
egel (de)	xārpošt	خارپشت
haas (de)	xarguš	خرگوش
konijn (het)	xarguš	خرگوش
das (de)	gurkan	گورکن
wasbeer (de)	rākon	راکون
hamster (de)	muš-e bozorg	موش بزرگ
marmot (de)	muš-e xormā-ye kuhi	موش خرمای کوهی
mol (de)	muš-e kur	موش کور
muis (de)	muš	موش
rat (de)	muš-e sahrāyi	موش صحرایی
vleermuis (de)	xoffāš	خفاش
hermelijn (de)	qāqom	قاقم
sabeldier (het)	samur	سمور
marter (de)	samur	سمور
wezel (de)	rāsu	راسو
nerts (de)	tire-ye rāsu	تیره راسو

bever (de)	sag-e ābi	سگ آبی
otter (de)	samur ābi	سمور آبی
paard (het)	asb	اسب
eland (de)	gavazn	گوزن
hert (het)	āhu	آهو
kameel (de)	šotor	شتر
bizon (de)	gāvmiš	گاومیش
oeros (de)	gāv miš	گاو میش
buffel (de)	bufālo	بوفالو
zebra (de)	gurexar	گورخر
antilope (de)	boz-e kuhi	بز کوهی
ree (de)	šukā	شوکا
damhert (het)	qazāl	غزال
gems (de)	boz-e kuhi	بز کوهی
everzwijn (het)	gorāz	گراز
walvis (de)	nahang	نهنگ
rob (de)	fak	فک
walrus (de)	širmāhi	شیرماهی
zeehond (de)	gorbe-ye ābi	گربهٔ آبی
dolfijn (de)	delfin	دلفین
beer (de)	xers	خرس
ijsbeer (de)	xers-e sefid	خرس سفید
panda (de)	pāndā	پاندا
aap (de)	meymun	میمون
chimpansee (de)	šampānze	شمپانزه
orang-oetan (de)	orāngutān	اورانگوتان
gorilla (de)	guril	گوریل
makaak (de)	mākāk	ماکاک
gibbon (de)	gibon	گیبون
olifant (de)	fil	فیل
neushoorn (de)	kargadan	کرگدن
giraffe (de)	zarrāfe	زرافه
nijlpaard (het)	asb-e ābi	اسب آبی
kangoeroe (de)	kāngoro	کانگورو
koala (de)	kovālā	کوالا
mangoest (de)	xadang	خدنگ
chinchilla (de)	čin čila	چین چیلا
stinkdier (het)	rāsu-ye badbu	راسوی بدبو
stekelvarken (het)	taši	تشی

137. Huisdieren

poes (de)	gorbe	گربه
kater (de)	gorbe-ye nar	گربهٔ نر
hond (de)	sag	سگ

paard (het)	asb	اسب
hengst (de)	asb-e nar	اسب نر
merrie (de)	mādiyān	مادیان

koe (de)	gāv	گاو
stier (de)	gāv-e nar	گاو نر
os (de)	gāv-e axte	گاو اخته

schaap (het)	gusfand	گوسفند
ram (de)	gusfand-e nar	گوسفند نر
geit (de)	boz-e mādde	بز ماده
bok (de)	boz-e nar	بز نر

ezel (de)	xar	خر
muilezel (de)	qāter	قاطر

varken (het)	xuk	خوک
biggetje (het)	bače-ye xuk	بچهٔ خوک
konijn (het)	xarguš	خرگوش

kip (de)	morq	مرغ
haan (de)	xorus	خروس

eend (de)	ordak	اردک
woerd (de)	ordak-e nar	اردک نر
gans (de)	qāz	غاز

kalkoen haan (de)	buqalamun-e nar	بوقلمون نر
kalkoen (de)	buqalamun-e māde	بوقلمون ماده

huisdieren (mv.)	heyvānāt-e ahli	حیوانات اهلی
tam (bijv. hamster)	ahli	اهلی
temmen (tam maken)	rām kardan	رام کردن
fokken (bijv. paarden ~)	parvareš dādan	پرورش دادن

boerderij (de)	mazrae	مزرعه
gevogelte (het)	morq-e xānegi	مرغ خانگی
rundvee (het)	dām	دام
kudde (de)	galle	گله

paardenstal (de)	establ	اصطبل
zwijnenstal (de)	āqol xuk	آغل خوک
koeienstal (de)	āqol gāv	آغل گاو
konijnenhok (het)	lanye xarguš	لانه خرگوش
kippenhok (het)	morq dāni	مرغ دانی

138. Vogels

vogel (de)	parande	پرنده
duif (de)	kabutar	کبوتر
mus (de)	gonješk	گنجشک
koolmees (de)	morq-e zanburxār	مرغ زنبورخوار
ekster (de)	zāqi	زاغی
raaf (de)	kalāq-e siyāh	کلاغ سیاه

kraai (de)	kalāq	کلاغ
kauw (de)	zāq	زاغ
roek (de)	kalāq-e siyāh	کلاغ سیاه
eend (de)	ordak	اردک
gans (de)	qāz	غاز
fazant (de)	qarqāvol	قرقاول
arend (de)	oqāb	عقاب
havik (de)	qerqi	قرقی
valk (de)	šāhin	شاهین
gier (de)	karkas	کرکس
condor (de)	karkas-e emrikāyi	کرکس امریکایی
zwaan (de)	qu	قو
kraanvogel (de)	dornā	درنا
ooievaar (de)	lak lak	لک لک
papegaai (de)	tuti	طوطی
kolibrie (de)	morq-e magas-e xār	مرغ مگس خوار
pauw (de)	tāvus	طاووس
struisvogel (de)	šotormorq	شترمرغ
reiger (de)	havāsil	حواصیل
flamingo (de)	felāmingo	فلامینگو
pelikaan (de)	pelikān	پلیکان
nachtegaal (de)	bolbol	بلبل
zwaluw (de)	parastu	پرستو
lijster (de)	bāstarak	باسترک
zanglijster (de)	torqe	طرقه
merel (de)	tukā-ye siyāh	توکای سیاه
gierzwaluw (de)	bādxorak	بادخورک
leeuwerik (de)	čakāvak	چکاوک
kwartel (de)	belderčin	بلدرچین
specht (de)	dārkub	دارکوب
koekoek (de)	fāxte	فاخته
uil (de)	joqd	جغد
oehoe (de)	šāh buf	شاه بوف
auerhoen (het)	siāh xorus	سیاه خروس
korhoen (het)	siāh xorus-e jangali	سیاه خروس جنگلی
patrijs (de)	kabk	کبک
spreeuw (de)	sār	سار
kanarie (de)	qanāri	قناری
hazelhoen (het)	siyāh xorus-e fandoqi	سیاه خروس فندقی
vink (de)	sehre-ye jangali	سهره جنگلی
goudvink (de)	sohre sar-e siyāh	سهره سر سیاه
meeuw (de)	morq-e daryāyi	مرغ دریایی
albatros (de)	morq-e daryāyi	مرغ دریایی
pinguïn (de)	pangoan	پنگوئن

139. Vis. Zeedieren

brasem (de)	māhi-ye sim	ماهی سیم
karper (de)	kapur	کپور
baars (de)	māhi-e luti	ماهی لوتی
meerval (de)	gorbe-ye māhi	گربه ماهی
snoek (de)	ordak māhi	اردک ماهی
zalm (de)	māhi-ye salemon	ماهی سالمون
steur (de)	māhi-ye xāviār	ماهی خاویار
haring (de)	māhi-ye šur	ماهی شور
atlantische zalm (de)	sālmon-e atlāntik	سالمون اتلانتیک
makreel (de)	māhi-ye esqumeri	ماهی اسقومری
platvis (de)	sofre māhi	سفره ماهی
snoekbaars (de)	suf	سوف
kabeljauw (de)	māhi-ye rowqan	ماهی روغن
tonijn (de)	tan māhi	تن ماهی
forel (de)	māhi-ye qezelālā	ماهی قزل آلا
paling (de)	mārmāhi	مارماهی
sidderrog (de)	partomahiye barqi	پرتوماهی برقی
murene (de)	mārmāhi	مارماهی
piranha (de)	pirānā	پیرانا
haai (de)	kuse-ye māhi	کوسه ماهی
dolfijn (de)	delfin	دلفین
walvis (de)	nahang	نهنگ
krab (de)	xarčang	خرچنگ
kwal (de)	arus-e daryāyi	عروس دریایی
octopus (de)	hašt pā	هشت پا
zeester (de)	setāre-ye daryāyi	ستاره دریایی
zee-egel (de)	xārpošt-e daryāyi	خارپشت دریایی
zeepaardje (het)	asb-e daryāyi	اسب دریایی
oester (de)	sadaf-e xorāki	صدف خوراکی
garnaal (de)	meygu	میگو
kreeft (de)	xarčang-e daryāyi	خرچنگ دریایی
langoest (de)	xarčang-e xārdār	خرچنگ خاردار

140. Amfibieën. Reptielen

slang (de)	mār	مار
giftig (slang)	sammi	سمی
adder (de)	af'i	افعی
cobra (de)	kobrā	کبرا
python (de)	mār-e pinton	مار پیتون
boa (de)	mār-e bwa	مار بوا
ringslang (de)	mār-e čaman	مار چمن

ratelslang (de)	mār-e zangi	مار زنگی
anaconda (de)	mār-e ānākondā	مار آناکوندا
hagedis (de)	susmār	سوسمار
leguaan (de)	susmār-e deraxti	سوسمار درختی
varaan (de)	bozmajje	بزمجه
salamander (de)	samandar	سمندر
kameleon (de)	āftāb-parast	آفتاب پرست
schorpioen (de)	aqrab	عقرب
schildpad (de)	lāk pošt	لاک پشت
kikker (de)	qurbāqe	قورباغه
pad (de)	vazaq	وزغ
krokodil (de)	temsāh	تمساح

141. Insecten

insect (het)	hašare	حشره
vlinder (de)	parvāne	پروانه
mier (de)	murče	مورچه
vlieg (de)	magas	مگس
mug (de)	paše	پشه
kever (de)	susk	سوسک
wesp (de)	zanbur	زنبور
bij (de)	zanbur-e asal	زنبور عسل
hommel (de)	xar zanbur	خرزنبور
horzel (de)	xarmagas	خرمگس
spin (de)	ankabut	عنکبوت
spinnenweb (het)	tār-e ankabut	تار عنکبوت
libel (de)	sanjāqak	سنجاقک
sprinkhaan (de)	malax	ملخ
nachtvlinder (de)	bid	بید
kakkerlak (de)	susk	سوسک
teek (de)	kane	کنه
vlo (de)	kak	کک
kriebelmug (de)	paše-ye rize	پشه ریزه
treksprinkhaan (de)	malax	ملخ
slak (de)	halazun	حلزون
krekel (de)	jirjirak	جیرجیرک
glimworm (de)	kerm-e šab-tāb	کرم شب تاب
lieveheersbeestje (het)	kafšduzak	کفشدوزک
meikever (de)	susk bāldār	سوسک بالدار
bloedzuiger (de)	zālu	زالو
rups (de)	kerm-e abrišam	کرم ابریشم
aardworm (de)	kerm	کرم
larve (de)	lārv	لارو

Flora

142. Bomen

boom (de)	deraxt	درخت
loof- (abn)	barg riz	برگ ریز
dennen- (abn)	maxrutiyān	مخروطیان
groenblijvend (bn)	hamiše sabz	همیشه سبز
appelboom (de)	deraxt-e sib	درخت سیب
perenboom (de)	golābi	گلابی
zoete kers (de)	gilās	گیلاس
zure kers (de)	ālbālu	آلبالو
pruimelaar (de)	ālu	آلو
berk (de)	tus	توس
eik (de)	balut	بلوط
linde (de)	zirfun	زیرفون
esp (de)	senowbar-e larzān	صنوبر لرزان
esdoorn (de)	afrā	افرا
spar (de)	senowbar	صنوبر
den (de)	kāj	کاج
lariks (de)	senowbar-e ārāste	صنوبر آراسته
zilverspar (de)	šāh deraxt	شاه درخت
ceder (de)	sedr	سدر
populier (de)	sepidār	سپیدار
lijsterbes (de)	zabān gonješk-e kuhi	زبان گنجشک کوهی
wilg (de)	bid	بید
els (de)	tuskā	توسکا
beuk (de)	rāš	راش
iep (de)	nārvan-e qermez	نارون قرمز
es (de)	zabān-e gonješk	زبان گنجشک
kastanje (de)	šāh balut	شاه بلوط
magnolia (de)	māgnoliyā	ماگنولیا
palm (de)	naxl	نخل
cipres (de)	sarv	سرو
mangrove (de)	karnā	کرنا
baobab (apenbroodboom)	bāobāb	بائوباب
eucalyptus (de)	okaliptus	اوکالیپتوس
mammoetboom (de)	sorx-e čub	سرخ چوب

143. Heesters

struik (de)	bute	بوته
heester (de)	bute zār	بوته زار

wijnstok (de)	angur	انگور
wijngaard (de)	tākestān	تاکستان
frambozenstruik (de)	tamešk	تمشک
zwarte bes (de)	angur-e farangi-ye siyāh	انگور فرنگی سیاه
rode bessenstruik (de)	angur-e farangi-ye sorx	انگور فرنگی سرخ
kruisbessenstruik (de)	angur-e farangi	انگور فرنگی
acacia (de)	aqāqiyā	اقاقیا
zuurbes (de)	zerešk	زرشک
jasmijn (de)	yāsaman	یاسمن
jeneverbes (de)	ardaj	اردج
rozenstruik (de)	bute-ye gol-e mohammadi	بوتهٔ گل محمدی
hondsroos (de)	nastaran	نسترن

144. Vruchten. Bessen

vrucht (de)	mive	میوه
vruchten (mv.)	mive jāt	میوه جات
appel (de)	sib	سیب
peer (de)	golābi	گلابی
pruim (de)	ālu	آلو
aardbei (de)	tut-e farangi	توت فرنگی
zure kers (de)	ālbālu	آلبالو
zoete kers (de)	gilās	گیلاس
druif (de)	angur	انگور
framboos (de)	tamešk	تمشک
zwarte bes (de)	angur-e farangi-ye siyāh	انگور فرنگی سیاه
rode bes (de)	angur-e farangi-ye sorx	انگور فرنگی سرخ
kruisbes (de)	angur-e farangi	انگور فرنگی
veenbes (de)	nārdānak-e vahši	ناردانک وحشی
sinaasappel (de)	porteqāl	پرتقال
mandarijn (de)	nārengi	نارنگی
ananas (de)	ānānās	آناناس
banaan (de)	mowz	موز
dadel (de)	xormā	خرما
citroen (de)	limu	لیمو
abrikoos (de)	zardālu	زردآلو
perzik (de)	holu	هلو
kiwi (de)	kivi	کیوی
grapefruit (de)	gerip forut	گریپ فوروت
bes (de)	mive-ye butei	میوهٔ بوته ای
bessen (mv.)	mivehā-ye butei	میوه های بوته ای
vossenbes (de)	tut-e farangi-ye jangali	توت فرنگی جنگلی
bosaardbei (de)	zoqāl axte	زغال اخته
bosbes (de)	zoqāl axte	زغال اخته

145. Bloemen. Planten

bloem (de)	gol	گل
boeket (het)	daste-ye gol	دسته گل

roos (de)	gol-e sorx	گل سرخ
tulp (de)	lāle	لاله
anjer (de)	mixak	میخک
gladiool (de)	susan-e sefid	سوسن سفید

korenbloem (de)	gol-e gandom	گل گندم
klokje (het)	gol-e estekāni	گل استکانی
paardenbloem (de)	gol-e qāsedak	گل قاصدک
kamille (de)	bābune	بابونه

aloë (de)	oloviye	آلوئه
cactus (de)	kāktus	کاکتوس
ficus (de)	fikus	فیکوس

lelie (de)	susan	سوسن
geranium (de)	gol-e šam'dāni	گل شمعدانی
hyacint (de)	sonbol	سنبل

mimosa (de)	mimosā	میموسا
narcis (de)	narges	نرگس
Oostindische kers (de)	gol-e lādan	گل لادن

orchidee (de)	orkide	ارکیده
pioenroos (de)	gol-e ašrafi	گل اشرفی
viooltje (het)	banafše	بنفشه

driekleurig viooltje (het)	banafše-ye farangi	بنفشه فرنگی
vergeet-mij-nietje (het)	gol-e farāmuš-am makon	گل فراموشم مکن
madeliefje (het)	gol-e morvārid	گل مروارید

papaver (de)	xašxāš	خشخاش
hennep (de)	šāh dāne	شاه دانه
munt (de)	na'nā'	نعناع

lelietje-van-dalen (het)	muge	موگه
sneeuwklokje (het)	gol-e barfi	گل برفی

brandnetel (de)	gazane	گزنه
veldzuring (de)	toršak	ترشک
waterlelie (de)	nilufar-e abi	نیلوفر آبی
varen (de)	saraxs	سرخس
korstmos (het)	golesang	گلسنگ

oranjerie (de)	golxāne	گلخانه
gazon (het)	čaman	چمن
bloemperk (het)	baqče-ye gol	باغچه گل

plant (de)	giyāh	گیاه
gras (het)	alaf	علف
grasspriet (de)	alaf	علف

blad (het)	barg	برگ
bloemblad (het)	golbarg	گلبرگ
stengel (de)	sāqe	ساقه
knol (de)	riše	ریشه
scheut (de)	javāne	جوانه
doorn (de)	xār	خار
bloeien (ww)	gol kardan	گل کردن
verwelken (ww)	pažmorde šodan	پژمرده شدن
geur (de)	bu	بو
snijden (bijv. bloemen ~)	boridan	بریدن
plukken (bloemen ~)	kandan	کندن

146. Granen, graankorrels

graan (het)	dāne	دانه
graangewassen (mv.)	qallāt	غلات
aar (de)	xuše	خوشه
tarwe (de)	gandom	گندم
rogge (de)	čāvdār	چاودار
haver (de)	jow-e sahrāyi	جو صحرایی
gierst (de)	arzan	ارزن
gerst (de)	jow	جو
maïs (de)	zorrat	ذرت
rijst (de)	berenj	برنج
boekweit (de)	gandom-e siyāh	گندم سیاه
erwt (de)	noxod	نخود
boon (de)	lubiyā qermez	لوبیا قرمز
soja (de)	sowyā	سویا
linze (de)	adas	عدس
bonen (mv.)	lubiyā	لوبیا

LANDEN. NATIONALITEITEN

147. West-Europa

Europa (het)	orupā	اروپا
Europese Unie (de)	ettehādiye-ye orupā	اتحادیه اروپا
Oostenrijk (het)	otriš	اتریش
Groot-Brittannië (het)	beritāniyā-ye kabir	بریتانیای کبیر
Engeland (het)	engelestān	انگلستان
België (het)	belžik	بلژیک
Duitsland (het)	ālmān	آلمان
Nederland (het)	holand	هلند
Holland (het)	holand	هلند
Griekenland (het)	yunān	یونان
Denemarken (het)	dānmārk	دانمارک
Ierland (het)	irland	ایرلند
IJsland (het)	island	ایسلند
Spanje (het)	espāniyā	اسپانیا
Italië (het)	itāliyā	ایتالیا
Cyprus (het)	qebres	قبرس
Malta (het)	mālt	مالت
Noorwegen (het)	norvež	نروژ
Portugal (het)	porteqāl	پرتغال
Finland (het)	fanlānd	فنلاند
Frankrijk (het)	farānse	فرانسه
Zweden (het)	sued	سوئد
Zwitserland (het)	suis	سوئیس
Schotland (het)	eskātland	اسکاتلند
Vaticaanstad (de)	vātikān	واتیکان
Liechtenstein (het)	lixteneštāyn	لیختن‌اشتاین
Luxemburg (het)	lokzāmborg	لوکزامبورگ
Monaco (het)	monāko	موناکو

148. Centraal- en Oost-Europa

Albanië (het)	ālbāni	آلبانی
Bulgarije (het)	bolqārestān	بلغارستان
Hongarije (het)	majārestān	مجارستان
Letland (het)	letuni	لتونی
Litouwen (het)	litvāni	لیتوانی
Polen (het)	lahestān	لهستان

Roemenië (het)	romāni	رومانی
Servië (het)	serbestān	صربستان
Slowakije (het)	eslovāki	اسلواکی
Kroatië (het)	korovāsi	کرواسی
Tsjechië (het)	jomhuri-ye ček	جمهوری چک
Estland (het)	estoni	استونی
Bosnië en Herzegovina (het)	bosni-yo herzogovin	بوسنی وهرزگوین
Macedonië (het)	jomhuri-ye maqduniye	جمهوری مقدونیه
Slovenië (het)	eslovoni	اسلوونی
Montenegro (het)	montenegro	مونته‌نگرو

149. Voormalige USSR landen

Azerbeidzjan (het)	āzarbāyjān	آذربایجان
Armenië (het)	armanestān	ارمنستان
Wit-Rusland (het)	belārus	بلاروس
Georgië (het)	gorjestān	گرجستان
Kazakstan (het)	qazzāqestān	قزاقستان
Kirgizië (het)	qerqizestān	قرقیزستان
Moldavië (het)	moldāvi	مولداوی
Rusland (het)	rusiye	روسیه
Oekraïne (het)	okrāyn	اوکراین
Tadzjikistan (het)	tājikestān	تاجیکستان
Turkmenistan (het)	torkamanestān	ترکمنستان
Oezbekistan (het)	ozbakestān	ازبکستان

150. Azië

Azië (het)	āsiyā	آسیا
Vietnam (het)	viyetnām	ویتنام
India (het)	hendustān	هندوستان
Israël (het)	esrāil	اسرائیل
China (het)	čin	چین
Libanon (het)	lobnān	لبنان
Mongolië (het)	moqolestān	مغولستان
Maleisië (het)	mālezi	مالزی
Pakistan (het)	pākestān	پاکستان
Saoedi-Arabië (het)	arabestān-e so'udi	عربستان سعودی
Thailand (het)	tāyland	تایلند
Taiwan (het)	tāyvān	تایوان
Turkije (het)	torkiye	ترکیه
Japan (het)	žāpon	ژاپن
Afghanistan (het)	afqānestān	افغانستان
Bangladesh (het)	bangelādeš	بنگلادش

Indonesië (het)	andonezi	اندونزی
Jordanië (het)	ordon	اردن
Irak (het)	arāq	عراق
Iran (het)	irān	ایران
Cambodja (het)	kāmboj	کامبوج
Koeweit (het)	koveyt	کویت
Laos (het)	lāus	لائوس
Myanmar (het)	miyānmār	میانمار
Nepal (het)	nepāl	نپال
Verenigde Arabische Emiraten	emārāt-e mottahede-ye arabi	امارات متحده عربی
Syrië (het)	suriye	سوریه
Palestijnse autonomie (de)	felestin	فلسطین
Zuid-Korea (het)	kare-ye jonubi	کرهٔ جنوبی
Noord-Korea (het)	kare-ye šomāli	کرهٔ شمالی

151. Noord-Amerika

Verenigde Staten van Amerika	eyālāt-e mottahede-ye emrikā	ایالات متحدهٔ امریکا
Canada (het)	kānādā	کانادا
Mexico (het)	mekzik	مکزیک

152. Midden- en Zuid-Amerika

Argentinië (het)	āržāntin	آرژانتین
Brazilië (het)	berezil	برزیل
Colombia (het)	kolombiyā	کلمبیا
Cuba (het)	kubā	کوبا
Chili (het)	šhili	شیلی
Bolivia (het)	bulivi	بولیوی
Venezuela (het)	venezuelā	ونزوئلا
Paraguay (het)	pārāgue	پاراگوئه
Peru (het)	porov	پرو
Suriname (het)	surinām	سورینام
Uruguay (het)	orogue	اوروگوئه
Ecuador (het)	ekvādor	اکوادور
Bahama's (mv.)	bāhāmā	باهاما
Haïti (het)	hāiti	هائیتی
Dominicaanse Republiek (de)	jomhuri-ye dominikan	جمهوری دومینیکن
Panama (het)	pānāmā	پاناما
Jamaica (het)	jāmāikā	جامائیکا

153. Afrika

Egypte (het)	mesr	مصر
Marokko (het)	marākeš	مراکش
Tunesië (het)	tunes	تونس
Ghana (het)	qanā	غنا
Zanzibar (het)	zangbār	زنگبار
Kenia (het)	keniyā	کنیا
Libië (het)	libi	لیبی
Madagaskar (het)	mādāgāskār	ماداگاسکار
Namibië (het)	nāmibiyā	نامیبیا
Senegal (het)	senegāl	سنگال
Tanzania (het)	tānzāniyā	تانزانیا
Zuid-Afrika (het)	jomhuri-ye āfriqā-ye jonubi	جمهوری آفریقای جنوبی

154. Australië. Oceanië

Australië (het)	ostorāliyā	استرالیا
Nieuw-Zeeland (het)	niyuzland	نیوزلند
Tasmanië (het)	tāsmāni	تاسمانی
Frans-Polynesië	polinezi-ye farānse	پلینزی فرانسه

155. Steden

Amsterdam	āmesterdām	آمستردام
Ankara	ānkārā	آنکارا
Athene	āten	آتن
Bagdad	baqdād	بغداد
Bangkok	bānkok	بانکوک
Barcelona	bārselon	بارسلون
Beiroet	beyrut	بیروت
Berlijn	berlin	برلین
Boedapest	budāpest	بوداپست
Boekarest	boxārest	بخارست
Bombay, Mumbai	bombai	بمبئی
Bonn	bon	بن
Bordeaux	bordo	بوردو
Bratislava	bratislav	براتیسلاو
Brussel	boruksel	بروکسل
Caïro	qāhere	قاهره
Calcutta	kalkate	کلکته
Chicago	šikāgo	شیکاگو
Dar Es Salaam	dārossalām	دارالسلام
Delhi	dehli	دهلی
Den Haag	lāhe	لاهه

Dubai	debi	دبی
Dublin	dublin	دوبلین
Düsseldorf	duseldorf	دوسلدورف
Florence	felorāns	فلورانس
Frankfort	ferānkfort	فرانکفورت
Genève	ženev	ژنو
Hamburg	hāmborg	هامبورگ
Hanoi	hānoy	هانوی
Havana	hāvānā	هاوانا
Helsinki	helsinki	هلسینکی
Hiroshima	hirošimā	هیروشیما
Hongkong	hong kong	هنگ کنگ
Istanbul	estānbol	استامبول
Jeruzalem	beytolmoqaddas	بیت المقدس
Kiev	keyf	کیف
Kopenhagen	kopenhāk	کپنهاک
Kuala Lumpur	kuālālāmpur	کوالالامپور
Lissabon	lisbun	لیسبون
Londen	landan	لندن
Los Angeles	losānjeles	لس آنجلس
Lyon	liyon	لیون
Madrid	mādrid	مادرید
Marseille	mārsey	مارسی
Mexico-Stad	mekziko	مکزیکو
Miami	mayāmey	میامی
Montreal	montreāl	مونترآل
Moskou	moskow	مسکو
München	munix	مونیخ
Nairobi	nāyrubi	نایروبی
Napels	nāpl	ناپل
New York	niyuyork	نیویورک
Nice	nis	نیس
Oslo	oslo	اسلو
Ottawa	otāvā	اتاوا
Parijs	pāris	پاریس
Peking	pekan	پکن
Praag	perāg	پراگ
Rio de Janeiro	riyo-do-žāniro	ریو دو ژانیرو
Rome	ram	رم
Seoel	seul	سئول
Singapore	sangāpur	سنگاپور
Sint-Petersburg	sān peterzburg	سن پترزبورگ
Sjanghai	šānghāy	شانگهای
Stockholm	āstokholm	استکهلم
Sydney	sidni	سیدنی
Taipei	tāype	تایپه
Tokio	tokiyo	توکیو
Toronto	torento	تورنتو

Venetië	veniz	ونیز
Warschau	varšow	ورشو
Washington	vāšangton	واشنگتن
Wenen	viyan	وین

www.ingramcontent.com/pod-product-compliance
Lightning Source LLC
Chambersburg PA
CBHW070558050426
42450CB00011B/2904